迈向教育现代化之路

上海市教育综合改革进展报告（2014—2019）

高耀丽　应望江　主编

上海教育出版社
SHANGHAI EDUCATIONAL
PUBLISHING HOUSE

本书编委会

主　任　蒋传海

主　编　高耀丽　应望江

编　委　李　聪　杨开太　吴建金　李月琪
　　　　胡红华　宋旭璞　谢时雨　徐　贞
　　　　蔡红红　吴云香　陈祥龙　闵　鞾
　　　　高维和　曹黎娟　夏李莹　马学琳

CONTENTS | 目录

前言 / 1

第一章 我国教育综合改革的发展历程与研究进展 / 1
一、我国教育综合改革的发展历程 / 1
二、我国教育综合改革研究的进展 / 5

第二章 上海市教育综合改革的目标与任务 / 16
一、上海市教育综合改革的发展历程 / 16
二、上海市教育综合改革的目标与任务 / 21
三、上海市教育综合改革进展分析框架 / 23

第三章 上海市教育综合改革的举措与成效 / 25
一、学生发展 / 25
二、教师发展 / 50
三、治理能力 / 57
四、资源保障 / 66
五、开放联动 / 71

第四章 上海市教育综合改革的经验与亮点 / 83
一、课程思政创新助推育人同心圆建设 / 83
二、精准施策实现学前教育质量提升 / 85
三、多重组合拳推动基础教育一体化均衡发展 / 88
四、多形式贯通搭建立体化职业教育体系 / 90
五、服务个性化需求形成泛在可选的终身教育体系 / 91

六、教师分类管理引领人事管理制度创新 / 94

七、教学激励和教师培训助力教师专业发展 / 95

八、分类管理推进高校多元特色发展 / 96

九、校院两级管理改革激发办学活力 / 99

十、投入机制改革推动高等教育内涵式发展 / 103

十一、多措并举构建校内外育人共同体 / 105

十二、推进对外开放提升教育的国际影响力 / 106

十三、信息化环境建设赋能教育现代化 / 108

十四、合作共享促进长三角一体化教育协同发展 / 113

第五章 教育发展水平的国际比较 / 115

一、学生发展比较 / 115

二、教师发展比较 / 117

三、一流大学与学科建设比较 / 119

四、资源保障比较 / 126

五、比较分析 / 132

第六章 深化教育综合改革的思考与展望 / 134

一、加快推进基础教育高位优质均衡发展 / 134

二、深入推进高等教育高质量特色发展 / 136

三、持续优化职业教育布局结构 / 138

四、进一步推进校企合作和产教融合改革 / 140

五、不断完善教师收入分配制度改革 / 142

六、严格规范科研经费使用 / 143

七、持续扩大教育对外开放 / 145

附录1 学生发展方面的政策与举措 / 151

附录2 教师发展方面的政策与举措 / 164

附录3 治理能力方面的政策与举措 / 168

附录4 资源保障方面的政策与举措 / 174

附录5 开放联动方面的政策与举措 / 178

前　言

《国家中长期教育改革和发展规划纲要(2010—2020 年)》发布实施以来，国务院成立了国家教育体制改革领导小组，出台了国家教育体制改革试点总体方案，对教育改革进行系统部署，从国家统一实施、地方承担试点和基层自主改革三个层面稳步推进教育改革，一些改革已取得明显进展。然而，随着我国教育改革进入深水区、攻坚期，涉及面更广、关联度也更高，需要破解的深层次矛盾和问题难度更大，许多问题解决起来往往涉及多个部门职责，涉及多种政策配套，涉及多方利益调整，因此，靠原来的单项改革办法或局部突破套路已难以奏效。^① 对此，党的十八大提出深化教育领域综合改革，明确了教育改革的攻坚方向和重点举措。在此背景下，教育部发布《关于 2013 年深化教育领域综合改革的意见》，提出不失时机深化教育领域综合改革，支持改革条件成熟的地区和学校先行先试。2014 年 7 月，国家教育体制改革领导小组召开第十一次会议，原则上同意清华大学、北京大学和上海市"两校一市"的综合改革方案。

经国家教育体制改革领导小组审议批准，中共上海市委、上海市人民政府于 2014 年 11 月印发实施《上海市教育综合改革方案(2014—2020 年)》。之后，教育部和上海市人民政府在沪召开部市共建国家教育综合改革试验区工作总结暨深化上海教育综合改革工作推进会，围绕落实上海教育综合改革方案，签署了为期 7 年的部市战略合作协议，共同支持上海争当全国教育综合改革的探路者、示

---

① 中华人民共和国教育部.关于 2013 年深化教育领域综合改革的意见[EB/OL].(2013 - 01 - 26)[2019 - 12 - 24]. http://old. moe. gov. cn/publicfiles/business/htmlfiles/moe/s7229/201303/148072. html.

范者和引领者,全面实施从基础教育到高等教育的全链条教育改革,积极探索形成在全国范围内可复制、可推广的经验,充分发挥探索、突破、带动和提升的作用。

作为唯一承担国家教育综合改革试点任务的区域,上海市高度重视这项被称为"教育自贸区"的试点工作,在深化教育综合改革进程中率先启动、率先探索、率先受益、率先带动,在落实中央关于教育改革的重大决策部署上当好"排头兵"、下好"先手棋",一批标志性、引领性的改革举措取得明显成效,一些制约教育事业改革发展的体制机制性瓶颈取得重大突破,教育公共服务水平和教育治理能力不断提升,中国特色社会主义教育制度体系进一步完善,教育现代化总体水平居于全国前列,教育总体发展水平走向世界前列,为卓越的全球城市和社会主义现代化国际大都市建设,为国家和社会经济转型、科技创新、文化繁荣、民生改善、社会和谐提供了有力支撑,人民群众教育获得感进一步提升,为全国深化教育综合改革贡献了智慧、积累了经验。

当前我国教育改革发展已进入一个新的阶段。2019 年 2 月,中共中央、国务院印发了《中国教育现代化 2035》,提出"到 2035 年,总体实现教育现代化,迈入教育强国行列,推动我国成为学习大国、人力资源强国和人才强国,为到本世纪中叶建成富强民主文明和谐美丽的社会主义现代化强国奠定坚实基础"的奋斗目标,聚焦教育发展的突出问题和薄弱环节,立足当前,着眼长远,重点部署了面向教育现代化的十大战略任务。按照中央部署,2019 年 3 月,中共上海市委、上海市人民政府印发《上海教育现代化 2035》,提出了"到 2035 年实现更高水平、更高质量的教育现代化,建成与具有世界影响力的社会主义现代化国际大都市相匹配的一流教育"的奋斗目标,明确了上海加快推进教育现代化的战略布局和实施路径。

新时代对教育提出了新的更高要求,人民群众对教育充满着新的期待,全球教育发展孕育着新的变局,进入新时代的中国教育改革发展面临着新情况、新问题。[1] 深化教育综合改革,既是我国教育事业发展的内在需要,也是经济社会发

---

[1] 柴葳.教育部上海市召开深化教育综合改革 2018 年度工作推进会[N].中国教育报,2018 - 04 - 23.

展的迫切要求。正如习近平总书记指出的,要科学统筹各项改革任务,推出一批叫得响、立得住、群众认可的硬招实招,把改革方案的含金量充分展示出来,让人民群众有更多获得感。

为推进全国教育改革提供上海方案,进而推动上海教育经验更好地走向世界,2018年1月,上海财经大学组建了以蒋传海校长为组长,高等教育研究所、发展规划处、研究室等部门的教师和公共经济与管理学院部分博士研究生为成员的课题组,对上海市教育综合改革情况开展专题研究。

在文献研究的基础上,本书对2014年以来上海市出台的教育综合改革政策及相关改革举措进行了系统梳理,对上海市高等教育、基础教育、职业教育、民办教育领域专家以及市区行政机关管理人员进行了深度访谈,据此凝练形成上海市教育综合改革的亮点与经验。同时,对标国际先进水平,就上海市与OECD国家、欧盟国家以及纽约、伦敦、巴黎、东京等国际大都市的教育发展水平进行比较分析。在此基础上,针对当前教育中存在的问题提出了相应的改进建议,为推进后续改革工作和服务全国教育改革提供借鉴和参考。

本研究受到2019年上海市教育综合改革重点推进项目"上海教育综合改革经验总结及进展评估"、国家社会科学基金教育学重点课题"教育管办评分离问题及对策研究"(WGA160012)和中央高校基本科研业务费项目"服务'两部一市'高等教育研究"的资助。在调研过程中,得到了以下领导和专家的热情指导:复旦大学上海医学院党委副书记张艳萍研究员,上海大学总会计师苟燕楠教授,复旦大学高等教育研究所熊庆年教授,华东师范大学国家宏观政策研究院副院长郅庭谨教授、教育学部张万朋教授、教育管理系主任胡耀宗教授,国务院参事室公共政策研究中心副理事长兼上海市公共政策研究会会长胡伟教授,上海市教育科学研究院民办教育研究所所长董圣足研究员,上海对外经贸大学高等教育研究所所长宋彩萍教授,上海出版印刷高等专科学校科研处处长罗尧成教授,华东政法大学发展规划处副处长丁笑梅等。同时,还得到了教育部综合改革司、上海市教育委员会秘书处(研究室)、杨浦区教育局、崇明区教育局、嘉定区教育局、黄浦区教育局、上海大学、上海师范大学、上海政法学院、上海健康医学院、上海杉达学院等单位的大力支持。在此对他们表示衷心的感谢！

本书尽量全面展现教育综合改革的进展、成效以及经验,但囿于时间、精力以及资料的可获得性等因素,可能会有少数改革进展未被呈现。本书在撰写过程中参阅了大量文献资料,并尽可能在引用中列出,但难免挂一漏万,错误与不当之处敬请读者批评指正。在此一并向所有参考文献的作者表示诚挚的谢意。

第一章　我国教育综合改革的
发展历程与研究进展

　　随着中国发展进入新阶段,改革进入深水区,教育也深度融入改革开放和现代化建设大潮之中。教育发展面临着不平衡、不充分的问题,教育的基本矛盾转变为优质教育资源供给不足与社会需求不断提高的矛盾。与此同时,经济发展进入"新常态"、经济社会转型升级和全面深化改革、城镇化转型升级、消费结构升级、我国开放水平和国际竞争力进一步提升,等等,都对教育改革提出了更迫切、更直接的要求。在此背景下,党的十八大报告提出深化教育领域综合改革,是对教育改革提出的新要求。全面深化教育领域综合改革对于促进我国教育事业科学发展,努力办好人民满意的教育具有重要指导意义。

一、我国教育综合改革的发展历程

　　我国教育领域的综合改革肇始于改革开放初期,发展于20世纪90年代,重生于21世纪初期。① 1985年发布的《关于教育体制改革的决定》形成了教育改革的基本框架。1986年,国家教委提出在全国推进农村教育综合改革的设想。随后,河北省阳原、顺平、青龙三县"农村教育综合改革实验区"试点工作的启动以及"燎原计划"的实施,成为全国"农村教育综合改革"正式实施的标志。与此同时,城市教育综合改革也开始试点。从1987年起,国家教委先后确定沈阳、锦州、佳木斯、苏州等15个城市为教育综合改革实验试点城市。1989年,国家教委成立了农村教育综合改革实验领导小组和城市教育综合改革领导小组。农村和城市教育综合改革开始逐步在全国推广。1993年机构改革时,国家教委农村教育综合改革办公室与城市教育综合改革办公室合并为国家教委城市与农村综

---

　　① 曾天山.教育综合改革的现实意义和实践路径[J].教育研究,2014(02):4-12.

合改革办公室。[①] 21 世纪初,国家明确提出统筹城乡教育综合改革,实现城乡教育均衡发展和一体化发展。

随着教育改革的稳步推进,一些改革已经取得明显进展。由于改革进入攻坚期,需要破解的深层次矛盾和问题的难度更大,许多问题解决涉及多个部门职责、多种政策配套和多方利益调整。对此,2012 年,党的十八大报告提出深化教育领域综合改革。2013 年 1 月 26 日,教育部发布《关于 2013 年深化教育领域综合改革的意见》,提出要进一步聚焦深化教育领域综合改革突破口,在重点领域和关键环节取得重要进展;要进一步完善推进机制,形成推进教育领域综合改革的整体合力。

2013 年 11 月 15 日,《中共中央关于全面深化改革若干重大问题的决定》(以下简称《决定》)经中共十八届中央委员会第三次全体会议审议通过正式发布。《决定》第 42 条明确指出,要深化教育领域综合改革,并提出了包括立德树人、促进学生德智体美劳全面发展、统筹城乡义务教育资源均衡配置、促进教育公平、加快现代职业教育体系建设、深化产教融合,以及推进学前教育、特殊教育、继续教育改革发展等在内的多项具体改革举措。同时指出,要推进考试招生制度改革,探索招考分离、学生考试多次选择、学校依法自主招生等运行机制;要推进管办评分离改革,扩大学校办学自主权,完善学校内部治理结构。随后,根据《决定》精神,四川、江苏、江西、福建等省份先后制定发布了各自《关于深化教育领域综合改革的实施意见》《关于深化教育领域综合改革若干问题的意见》等相关指导性文件。

2014 年 7 月,国家教育体制改革领导小组召开第十一次会议,原则上同意清华大学、北京大学和上海市"两校一市"的综合改革方案。随后,按照国家试点部署,上海市于 2014 年 11 月 21 日编制印发了《上海市教育综合改革方案(2014—2020 年)》,率先在全国启动教育综合改革试点。

紧接着,按照国家教育体制改革领导小组办公室《关于做好教育综合改革方案编制和报备工作的通知》(教改办函〔2015〕6 号)要求,其他省市也相继制定并发布了教育综合改革方案或实施意见,以指导改革全面系统地推进。相关情况梳理见表 1-1。

---

① 何东昌.中华人民共和国教育史(下卷)[M].海口:海南出版社,2007:765-766.

表 1-1　全国部分省(市、自治区)教育综合改革方案的出台情况

省份	政策文件	文件号(印发时间)	主要内容
四川	《四川省教育厅关于深化教育领域综合改革的指导意见(2014—2020年)》	川教〔2014〕41号 (2014-04-01)	五部分 共20条
江苏	《江苏省人民政府关于深化教育领域综合改革的实施意见》	苏政发〔2014〕56号 (2014-05-16)	七部分 共25条
江西	《中共江西省委　江西省人民政府关于深化教育领域综合改革若干问题的意见》	赣发〔2014〕15号 (2014-06-16)	七部分 共20条
福建	《福建省人民政府办公厅关于印发进一步深化教育综合改革实施方案的通知》	闽政办〔2014〕89号 (2014-06-27)	四部分 共18条
上海	《上海市教育综合改革方案(2014—2020年)》	(2014-11-21)	十部分 共52条
山东	《省委办公厅　省政府办公厅关于推进基础教育综合改革的意见》	鲁办发〔2014〕55号 (2014-12-30)	七部分 共30条
山东	《省委办公厅　省政府办公厅关于推进高等教育综合改革的意见》	鲁办发〔2016〕19号 (2016-04-22)	七部分 共33条
广东	《广东省人民政府关于深化教育领域综合改革的实施意见》	粤府〔2015〕20号 (2015-01-29)	六部分 共28条
重庆	《关于印发重庆市深化教育领域综合改革实施方案(2015—2020年)的通知》 (渝府发〔2018〕49号文件已宣布其废止)	渝府发〔2015〕57号 (2015-09)	—
重庆	《中共重庆市委教育工委、重庆市教委关于印发重庆市深化教育领域综合改革和全面推进依法治教督查工作实施办法(实行)的通知》	渝教工委〔2017〕7号 (2017-01-09)	—
湖南	《湖南省人民政府关于印发〈湖南省教育综合改革方案(2015—2020年)〉的通知》	湘政发〔2015〕45号 (2015-11-19)	六部分 共30条
广西	《自治区党委　自治区人民政府关于印发〈广西壮族自治区教育综合改革方案(2015—2020年)〉的通知》	桂发〔2015〕17号 (2015-12-17)	十四部分 共58条
贵州	《中共贵州省委　贵州省人民政府关于印发〈贵州省教育综合改革方案〉的通知》	黔党发〔2015〕32号 (2015-12-30)	十一部分 共32条
青海	《青海省人民政府关于印发青海省教育综合改革方案的通知》	青政〔2016〕23号 (2016-03-14)	四部分 共23条
甘肃	《关于印发〈甘肃省教育综合改革方案〉的通知》	甘教政〔2016〕5号 (2016-06-21)	三部分 共22条
安徽	《安徽省教育体制改革领导小组关于印发〈安徽省教育综合改革方案〉的通知》	皖教改〔2016〕1号 (2016-06-20)	九部分 共42条

(续表)

省份	政策文件	文件号(印发时间)	主要内容
天津	《天津市教育综合改革方案(2016—2020年)》	(2016 - 09 - 07)	十部分 共37条
新疆	《新疆维吾尔自治区人民政府办公厅关于全面深化教育领域综合改革的实施意见》	新政办发〔2016〕139号 (2016 - 09 - 23)	三部分 共19条
河南	《河南省教育体制改革领导小组关于印发〈河南省教育综合改革方案〉的通知》	豫教改〔2016〕3号 (2016 - 09 - 29)	四部分 共36条
山西	《山西省教育体制改革领导小组关于印发〈山西省深化教育领域综合改革的意见(2016—2020年)〉的通知》	晋教改〔2016〕1号 (2016 - 12 - 16)	四部分 共22条
海南	《海南省人民政府办公厅关于印发海南省教育综合改革方案的通知》	琼府办〔2017〕57号 (2017 - 03 - 28)	七部分 共32条
宁夏	《宁夏回族自治区教育综合改革方案》	(2017 - 06 - 09)	四部分 共17条
北京	《关于统筹推进北京高等教育改革发展的若干意见》	(2018 - 06 - 08)	四部分 共11条

资料来源:根据网络公开资料整理。

至2017年上半年,上海、广东、重庆、湖南、广西、贵州、青海、甘肃、安徽、天津、新疆、河南、海南、宁夏等20个省、市、区均已陆续印发"教育综合改革方案"或"深化教育领域综合改革的实施意见/方案",规划至2020年,分步、分类落实完成各项综改任务,促进改革向纵深推进。以山东省为例,由省教育厅会同省政府研究室开展有关"课程教学改革""区域教育综合评价""教师专业发展""创新创业教育""现代大学制度建设""优化学科专业结构"等专题调研,梳理本省各级各类教育的发展现状和突出问题,同时学习借鉴沪、苏、粤、浙等先行省份以及北京大学、清华大学、上海交通大学等部属高校的改革经验,分基础教育和高等教育单独制定各自的实施意见,以针对性地指导改革实践。

其他省市,如北京、辽宁、黑龙江、吉林、河北、湖北、内蒙古、西藏、云南、浙江等,也都先后启动并不断深化教育综合改革。以北京市为例,2018年6月中共北京市委、北京市人民政府印发《关于统筹推进北京高等教育改革发展的若干意见》,明确部署五大领域改革任务和六大领域基础工作,目标在于对优质教育资源进行深度重组整合,全面推进新一轮深化教育综合改革的实践。再以云南省为例,自省委十八届三中全会以来,规划启动106项改革任务,截至2017年底已完成 91 项、出台对应改革文件 89 个、取得改革成果 96 项；2018 年起改革步伐进一步加快，先后形成了一批管根本、利长远的重大改革成果，初步建立了云南教育体制的"四梁八柱"，改革成效较为显著。

二、我国教育综合改革研究的进展

近年来，随着相关国家政策文本的出台，关于我国教育综合改革的理论研究数量呈现明显的上升趋势。在中国知网（CNKI）数据库文献检索中，输入关键词"教育综合改革"并以"2000—2019 年"为时限检索，可以看到：随着国家教育体制改革领导小组第一次会议的召开，2011 年相关研究文献数量达到 78 篇，较以往略有增加；党的十八大以来，教育部《关于深化教育领域综合改革的意见》的出台，更是推动了相关研究文献数量的大幅跃升，2013 年首次达到 165 篇，并于随后两年保持年均一倍以上的增幅；至 2015 年，受"两校一市"教育综合改革试点工作的推进和各省市教育综合改革方案陆续出台的影响，相关研究再次出现小高峰，当年相关研究文献数量达到 359 篇，教育综合改革成为焦点。近年来，随着改革的稳步推进，相关研究成果数量虽有所回落，但仍保持在每年 140 篇以上，研究热度趋于稳定。详见图 1-1。

图 1-1　"教育综合改革"CNKI 关键词检索——年度发文量分布（2000—2019 年）

整体而言,当前有关教育综合改革的研究文献,在内容方面主要存在如下特征:第一,理论探讨较多,量化分析较少;第二,关注改革设计的较多,关注改革实施的较少;第三,中观层面区域改革或专项改革研究相对较多,微观层面相对较少。

从相关研究主题的细分来看:在宏观层面,有关我国教育综合改革整体推进脉络和深化我国教育综合改革路径建议的研究,占据较大比重;在微观层面,自2014年始相关研究基本覆盖各级各类教育,其中尤以农村教育综合改革和高等教育综合改革为研究重点,且以2013年为界,研究的重心逐渐从农村教育综合改革转向高等教育综合改革。详见图1-2。

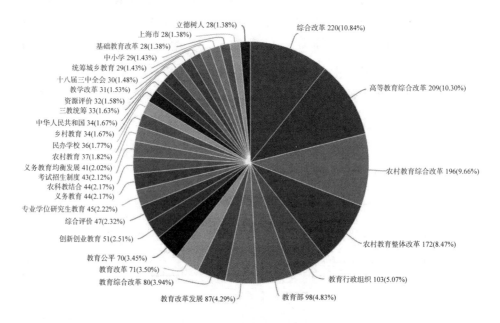

图1-2 "教育综合改革"CNKI关键词检索——年度研究主题分布(2000—2019年)

（一）我国教育综合改革整体推进脉络的研究

回溯我国教育改革的历史发展,有纵向和横向两个维度。

从纵向维度看,也即从教育改革历史展开的过程来看,改革开放以来相关政策发布的时间主线和改革思路如下。第一,1983年,邓小平提出的"三个面向"集中体现了教育改革的大思路,即把服务经济建设和促进社会发展、着重当前与着眼未来、立足国内和面向世界有机结合起来。第二,1985年,《中共中央关于教育体制改革的决定》确立了教育改革的基本框架,改革同社会主义现代化不相适应的教育思想、教育内容、教育方法,提出实行简政放权,扩大学校的办学自主权;调整教育结构,相应地改革劳动人事制度;等等。第三,1993 年,中共中央、国务院印发《中国教育改革和发展纲要》,提出要深化教育改革,坚持协调发展,增加教育投入,提高教师素质,提高教育质量,注重办学效益,实行分区规划,加强社会参与的战略。第四,1999 年,《中共中央国务院关于深化教育改革全面推进素质教育的决定》发布,提出要努力改变教育与经济、科技相脱节的状况,促进教育和经济、科技的密切结合。全国推进素质教育,培养适应 21 世纪现代化建设需要的社会主义新人。第五,2010 年 7 月,《国家中长期教育改革和发展规划纲要(2010—2020 年)》发布,重点推动人才培养体制、考试招生制度、办学体制、管理体制等方面的改革,提出到 2020 年基本实现教育现代化,基本形成学习型社会,进入人力资源强国行列。

从横向维度看,也即从教育改革与其他社会改革之间的关系来看,中国的教育改革在一定程度上带有被"裹挟"的性质,它一开始就作为整个社会领域改革的一部分而展开,并且是对不同历史时期社会发展需求的政策表达[1][2]。以党的十一届三中全会为界,可大致将中华人民共和国成立以来的中国教育改革划分为两大时期:前 30 年间的重大教育改革多由政治统领,后 30 年间的重大教育改革则常以经济为主导。而未来我国的教育改革,则需要从作为政治—经济改革向作为社会—文化改革转型。[3]

(二) 具体条线教育综合改革推进情况的研究

1. 我国农村教育综合改革的相关研究

聚焦我国农村教育综合改革主题,学界相关研究大多从改革本身的背景、思路、举措、阶段、特征等出发,梳理改革历程、评析改革得失,提出路径建议。

中华人民共和国成立以来,我国农村教育事业尽管已取得较大进展,但教育资源配置不公平现象却持续加剧。20 世纪 80 年代,我国农村人口占总人口的

---

① 石中英,张夏青.30 年教育改革的中国经验[J].北京师范大学学报(社会科学版),2008(05):22 - 32.

② 孙勇."新常态"下的教育改革与发展——兼析上海教育综合改革的推进路径[J].中国高等教育,2017(07):24 - 27.

③ 程天君.教育改革的转型与教育政策的调整——基于新中国教育 60 年来的基本经验[J].北京大学教育评论,2012(04):32 - 49.

80％,农村学生群体规模十分庞大,农村教育在办学理念、办学机构、教学内容、教学方法等方面存在严重偏差,致使社会上出现了初级、中级技术人才严重匮乏的劳动力巨大断层现象。① 在这样的宏观背景下,国家启动了农村教育综合改革。1986 年初,国家教委提出在全国推进农村教育综合改革的设想。随后,河北省阳原、顺平、青龙三县"农村教育综合改革实验区"试点工作的启动以及"燎原计划"的实施,成为全国"农村教育综合改革"正式实行的标志②。

这场改革以强调农村教育的服务性、改革配套的综合性、多领域并进的统筹性等为主要特点,持续时间较长、规模较大。整体大致分为三个阶段:1978—1988 年酝酿和初步试点阶段、1989—2000 年全面实施和深入推进阶段、2001 年至今平稳开展与转型阶段。③ 相关改革举措主要有:实行"半工半读、半农半读",普及农村小学教育,解决文盲问题;实行"三教统筹",发展基础教育、职业技术教育和成人教育;推进"农科教结合"或"经科教结合",全面实施"三大计划"以提升农村教育直接服务"三农"乃至国家经济建设的能力等。④ 改革取得的成绩主要体现在:农村教育观念发生了一定程度的变化,农村教育战略地位有所落实;农村"两基"目标基本实现;农村教育结构有所变化,初步实现基础教育、职业教育、成人教育的共同发展;农民的科学文化水平与技术素质得以提高;农科教或经科教更好地结合与协调发展;农村教育直接服务"三农"或"科教兴农"的能力大大提升。⑤ 但与此同时,着眼中国特色社会主义新时代,农村教育发展仍然面临诸多挑战,如县域义务教育优质均衡发展任重道远、乡村义务教育质量提升空间亟待拓宽、农村社会成员教育观念尚需转变更新等。⑥

在提炼总结我国农村教育综合改革的宝贵经验,科学指导下一步农村教育发展方面,有学者指出,综合改革与单项改革相统一、城乡教育综合改革相统筹

---

① 陈军.中国农村教育综合改革研究[J].教育评论,2018(08):2.

② 廖其发.论我国改革开放 40 年来的"农村教育综合改革"[J].河北师范大学学报(教育科学版),2018(04):22-31.

③ 廖其发.论我国改革开放 40 年来的"农村教育综合改革"[J].河北师范大学学报(教育科学版),2018(04):22-31.

④ 杨卫安、邬志辉.城镇化背景下中国农村教育发展的路向选择[J].社会科学战线,2015(10):239-246.

⑤ 廖其发.论我国改革开放 40 年来的"农村教育综合改革"[J].河北师范大学学报(教育科学版),2018(04):22-31.

⑥ 李松.新中国成立 70 年我国农村教育:经验、问题与对策[J].河北师范大学学报(教育科学版),2019(04):46-5.

应该是农村教育改革的常态,"三教统筹"、共同发展是其必然要求,而"农科教结合"或"经科教结合"则是其必然选择。因此,要坚持因地制宜、分类指导的基本原则,完善相关体制机制,重视加强教师队伍建设,扎实实验、稳步推进农村教育综合改革。[①] 有学者认为,提高人们的思想认识是农村教育健康发展的前提,要进一步坚持党对农村教育事业的领导,把握好教育改革的正确方向;坚持改革与发展相互促进,把握好教育优先发展的时代主题;坚持"服务三农"的政策导向,把握好农村教育的发展路向。同时,坚决贯彻教育公平理念,大力推进城乡教育均衡;鼓励教育主体创新,不断提升农村教育质量;突出政府领导职能,转变乡村群众教育观念。[②] 另有学者指出,农村社会环境、农业经济结构、农村就业形势等都是间接影响农村教育综合改革的因素[③],故深化农村教育综合改革,需厘清农村教育的内外部关系,重思农村教育未来发展目标,深化农村教育内涵;变政府统筹决策为统筹服务,变"小三农"为"大三农",变领导行为为制度保障;实施基础教育与职业教育的"渗透"与"分流",加强农村与学校的"一体化"发展,深化课程设置与农村需求的相互"结合"[④]。

21 世纪初,国家明确提出统筹城乡教育综合改革,实现城乡教育均衡发展和一体化发展。由此,"农村教育综合改革"这一概念逐渐淡出人们的视线,取而代之的是"城乡教育均衡发展"和"城乡教育一体化"的概念[⑤]。

所谓"城乡教育均衡发展",即政府在教育公平原则的指导下,确保城乡教育在教育机会与权利、资源配置、教育质量等方面的均衡以及城乡各类学校发展的均衡,其最终目的是要缩小城乡教育差距,促进城乡教育共同发展。[⑥] 所谓"城乡教育一体化",即统筹城乡教育发展,整合城乡教育资源,打破城乡二元经济结构和社会结构的束缚,构建动态均衡、双向沟通、良性互动的教育体制和机制,促

---

① 廖其发.论我国改革开放 40 年来的"农村教育综合改革"[J].河北师范大学学报(教育科学版),2018(04):22-31.

② 李松.新中国成立 70 年我国农村教育:经验、问题与对策[J].河北师范大学学报(教育科学版),2019(04):46-5.

③ 陈军.中国农村教育综合改革研究[J].教育评论,2018(08):2.

④ 刘胡权.农村教育综合改革路径探析[J].中国教育学刊,2013(10):13-16.

⑤ 邵晓枫,廖其发.论农村教育综合改革与城乡教育均衡发展、城乡教育一体化的关系[J].河北师范大学学报(教育科学版),2015(06):10-16.

⑥ 邵晓枫,廖其发.论农村教育综合改革与城乡教育均衡发展、城乡教育一体化的关系[J].河北师范大学学报(教育科学版),2015(06):10-16.

进城乡教育资源共享、优势互补,推动城乡教育相互支持、相互促进,缩小城乡之间的教育差距,有效消除地域、经济等原因导致的教育不公平,改变农村地区教育的落后状况,使均衡化的公共教育服务覆盖城乡全体居民,实现城乡教育均衡发展、协调发展、共同发展①。而就三者的关系而言,学界普遍认为农村教育综合改革是实现城乡教育均衡发展和城乡教育一体化的必要手段和前提条件,从农村教育综合改革到城乡教育均衡发展和城乡教育一体化是一个不断走向科学化的发展过程。

2. 我国高等教育综合改革的相关研究

高等教育作为科技第一资源和人才第一力量有机结合的战略高地,既是全面深化教育领域综合改革的重要组成部分,更是重要的战略支点,是牵引各级各类教育改革发展的龙头②。

回眸改革开放以来,我国高等教育 40 多年的改革发展历程,有学者沿政策出台和学界探讨两条线索,将之大致划分为四个阶段,即 1979—1985 年零星自发阶段、1985—1993 年探索试点阶段、1993—2010 年全面推进阶段和 2010 年至今的综合改革阶段③。2010 年,国家教育综合改革试验区领导小组第一次会议的召开,以及《国家中长期教育改革和发展规划纲要(2010—2020 年)》的发布,标志着我国教育综合改革拉开序幕。2013 年,中共中央《关于全面深化改革若干重大问题的决定》明确提出高等教育综合改革的具体任务,包括创新高校人才培养机制、推进考试招生制度改革、强化教育督导、深化产教融合、深入推进管办评分离等。④

此次改革颠覆了以往"打补丁"式⑤的基本改革方式,尤其强调"综合"与"协同",突出"系统性"和"整体性"⑥,以推进"双一流"建设、促进地方本科高校转型发展、优化高校分类发展为三大着力点,内容上几乎涵盖高校办学自主权改革、

---

① 褚宏启.城乡教育一体化:体系重构与制度创新——中国教育二元结构及其破解[J].教育研究,2009(11):3-10.
② 袁贵仁.深化教育领域综合改革 加快推进教育治理体系和治理能力现代化[J].中国高等教育,2014(05):4-11.
③ 南旭光.供给侧改革下我国高等教育的现实矛盾和发展对策[J].教育评论,2017(06):3-7.
④ 史秋衡,康敏.深化高等教育综合改革的历史责任与结构设计[J].中国高等教育,2018(10):38-41.
⑤ 张应强.我国高等教育改革的反思和再出发[J].深圳大学学报(人文社会科学版),2016(01):140-155.
⑥ 于洪良.山东高等教育综合改革的探索与实践[J].理论学习,2017(10):35-38.

本科教育教学改革、课程改革、内部治理体系改革、人事制度改革、薪酬制度改革，以及后勤社会化改革、考试招生制度改革等高校事业发展的各个方面[①]。

聚焦我国高等教育综合改革主题，学界相关研究主要体现出以下特征：

首先，对改革具体内容与突破存在不同理解。高等教育综合改革，究竟要改什么？从高等教育专家学者的言论和各省市有关高校的综合改革方案与实践来看，大家对改革内容及突破口的理解并不一致。例如，有学者认为，评价重构是深化高等教育综合改革的关键环节，综合改革要将建立科学评价的机制、促进资源配置方式的转变作为突破口[②]，通过完善大学评价机制、改革教师评价机制、创新学生评价机制等，引导高校实现内涵式发展[③]。另有学者指出，综合改革的突破口是考试招生，这同时也是教育内涵发展的重要途径。[④] 还有学者认为，从高校内部进行，应该是高校深化改革的使命、意义和路径所在。[⑤]

其次，对改革推进路径与策略存在宏观共识。针对新时代高等教育综合改革对象和目标的高度复杂性，学界对如何推进教育综合改革在方法论上存在共识。

一是注重综合改革目标上的问题导向。有学者从我国高等教育体制机制在宏观、中观、微观上存在的问题，如核心竞争力不强、外部主体的边界和权责不清、学校和学院办学模式"同质化"、内部管理"行政化"、评价体系"碎片化"等出发，强调综合改革要重视目标导向和问题导向的有机统一，以深层次问题的破解引领更高目标的实现。[⑥] 同时，要基于应用情境的问题导向，有针对性地对高等教育法律法规进行全面、系统、深入的调整，形成一整套有力规范高等教育活动的系列规则和规范，建立改革发展长效机制。[⑦] 另有学者针对高校办学自主权改革中出现的"放乱收死"怪圈，以及改革中政府和高校行政高歌猛进但高校师生冷眼旁观的"冰火两重天"现象，提出综合改革要对高等教育改革本身进行改

① 徐静.新时代高等教育综合改革的发展逻辑[J].黑龙江高教研究,2018(10):48-51.
② 李立国.什么是高等教育综合改革的关键[N].光明日报,2014-08-12.
③ 李咏.评价重构：深化高等教育改革再审视[J].文化创新比较研究,2018(31):107-109.
④ 曾天山.教育综合改革的现实意义和实践路径[J].教育研究,2014(02):4-12.
⑤ 程海波.关于全面深化高等教育综合改革的思考[J].高校教育管理,2016(07):12-18.
⑥ 徐静.新时代高等教育综合改革的发展逻辑[J].黑龙江高教研究,2018(10):48-51.
⑦ 史秋衡,康敏.深化高等教育综合改革的历史责任与结构设计[J].中国高等教育,2018(10):38-41.

革[1]，突破统治与治理二重逻辑桎梏，依法厘清政府学校职能界限与活动方式，推进领导权与治理权分置，进行三级改革，落实社会参与治理的机制与途径[2]。

二是强化综合改革方法上的系统衔接。破解高等教育体制机制瓶颈、提升和保障高等教育质量必然关涉众多。因此，尤其需要把握好各方面改革之间的内在逻辑联系，把握好政策方针的连续性、战略目标的长远性、制度设计的全局性[3]，系统谋划，分层、分类、分步有序推进。与此同时，今日的综合改革不是重起炉灶，不能采取割断历史的"休克"疗法[4]，而要建立在过去单项改革、局部改革已有经验的基础上，与前期和正在进行的包括教育教学改革、人事制度改革等相衔接，以保持政策上的连贯性和相对稳定性，慎重稳妥推进从而带动全局[5]。

三是突出综合改革举措上的协同配套。学界普遍认为，当前高等教育综合改革进入深水区和攻坚期，改革涉及面广、关联度高，往往需要涉及多个部门和多种配套政策，单靠原来单项改革或者局部突破的办法已难以奏效。因此，要从改革实施主体、关键领域、实施步骤等方面入手，全面加强改革的协同性和可操作性。[6] 要建立不同改革主体间的责、权、利综合配套机制，实现利益相关方在改革力量上的协同；要围绕关键领域和重要环节，综合谋划重点突破，实现改革措施上的协同；要有时间表、路线图、任务书，分步、有序稳妥实施，实现改革步骤上的协同；要注重改革的力度、进度和高校干部师生承受的程度"三度"统一，避免不同主体力量的内耗甚至彼此消解，实现改革着力点的协同。[7]

四是理顺综合改革逻辑上的辩证关系。高等教育综合改革的不同价值取向和改革理念，往往在理论上互为前提、相互包含，在实践上相互引导、相互促进。[8] 只有正确处理好改革中存在的各种辩证关系，全面深化高等教育综合改

① 张应强.高等教育全面深化改革需要对高等教育改革进行改革[J].中国高教研究,2014(10):16-20.
② 查自力,郑方贤.我国高等教育综合改革的二重逻辑与路径选择[J].清华大学教育研究,2017(06):30-36.
③ 张继平,赵方方.全面深化高等教育综合改革应妥善处理十大关系[J].三峡大学学报(人文社会科学版),2019(04):106-110.
④ 徐静.新时代高等教育综合改革的发展逻辑[J].黑龙江高教研究,2018(10):48-51.
⑤ 冯滨鲁,毕廷延.深化高等教育综合改革 推动地方高校转型发展[J].中国高等教育,2019(10):34-36.
⑥ 张应强.我国高等教育改革的反思和再出发[J].深圳大学学报(人文社会科学版),2016(01):140-155.
⑦ 徐静.新时代高等教育综合改革的发展逻辑[J].黑龙江高教研究,2018(10):48-51.
⑧ 张继平,赵方方.全面深化高等教育综合改革应妥善处理十大关系[J].三峡大学学报(人文社会科学版),2019(04):106-110.

革才不会走弯路、错路。有学者指出,在改革实践中须处理好正向与负向制度之间的关系、改革的可操作性和可承受性之间的关系,以及"有所为"与"有所不为"的关系。长期以来,我们为了维持稳定,习惯于采用增量的方式来推进改革,即"做加法""老人老办法,新人新办法",很少触及既得利益阶层。事实上,深化改革不仅要做加法,还要坚定地做减法,盘活存量以避免改革成为一潭死水。因此,基本制度、总体制度要坚持"正向"的指引导向作用,实施制度、评价制度则要包含"负向"的约束惩戒作用。① 另有学者认为,深化高等教育综合改革应兼顾目标明确与手段灵活、兼顾整体推进与重点突破、兼顾外部压力转化与内生动力激发、兼顾真抓实干和研究思考、兼顾批判继承与开拓创新。② 还有学者从更为具体的层面,总结了高等教育综合改革须处理好的十大辩证关系,包括立德树人与需求导向、提高质量与扩大规模、内部治理与外部监督、有效激励与合理约束、促进公平与提升效率、加快发展与保持稳定、增加供给与调整结构、立足本土与扩大开放、顶层设计与基层创新、整体推进与重点突破间的关系。其中,尤其强调要以基层创新作为检验顶层设计是否科学合理的试金石,鼓励形成基层改革创新合力,从社会之用、家长之需、学生之能找到高等教育综合改革的目标与方向。③

此外,另有部分学者针对地方高校综合改革的推进情况,从政策重点和实践经验方面对其进行了总结。建设地方高水平大学,作为我国高等教育综合改革的一项重要内容,获得了各省市的高度重视。各地普遍采取的建设政策有:地方政府主导、择优动态建设、专项经费支持、突出服务导向、创新管理模式等。④ 在相关政策的帮扶与指引下,地方高校纷纷开展实践探索,形成了一系列理论成果和建设经验,如黔南民族师范学院的"六大专业群支撑促转型"、厦门华厦学院的"打造产教融合超级平台"、北京城市学院的"探寻首都城市圈新价值"、西安交通工程学院的"校企融合培养国际人才"、合肥学院"将德国办学经验本土化"等,走出了特色化的质量提升之路。

---

① 程海波.关于全面深化高等教育综合改革的思考[J].高校教育管理,2016(07):12-18.

② 叶怀凡.深化高等教育综合改革应正确处理好五对辩证关系[J].教育探索,2017(01):47-50.

③ 张继平,赵方方.全面深化高等教育综合改革应妥善处理十大关系[J].三峡大学学报(人文社会科学版),2019(04):106-110.

④ 徐吉洪.高等教育综合改革视阈下建设地方高水平大学政策研究[J].高等理科教育,2018(02):29-37.

（三）深化我国教育综合改革路径建议的研究

聚焦学界有关教育综合改革顶层设计的理论探讨，可以看出，相关研究成果主要集中在对改革路径的政策建议方面。普遍认同的观点是要加强统筹兼顾和综合配套。无论是教育研究领域的专家学者，如钟秉林①、曾天山②、吴康宁、李立国、杨道宇③、郝德永④，还是教育行政管理干部，如张福昌⑤、翁铁慧⑥，都提出教育综合改革的关键在于"多领域、全方位地协同推进"，也即"综合"是教育改革的关键。有学者指出，改革在起始阶段，由于缺乏经验，需要尽可能广泛地调动更多人参与改革的积极性，这时候的重心就在于鼓励人们"八仙过海各显神通"，大胆进行各种各样的改革尝试。但随着改革的推进，人们逐渐意识到教育自身就是一项系统的工程，如果某一部分的改革得不到与之关联的其他方面的必要呼应，则都将难以为继，乃至偃旗息鼓⑦。因此，"综合"成了一种必要选择。而当下所进行的教育改革，存在以"全面"代替"综合"的偏向，看似在改革对象上囊括了改革的方方面面，但却未体现出不同方面的改革之间究竟有何关系、如何统筹、何以评价等。

因此，如何真正实现"综合"？如何在微观层面建立各项改革任务之间的联系？其中一个很重要的路径就是营造共同体。有学者指出，在改革实践逻辑的行动层面所要做的，就是要营造有助于实现改革协调推进的"共同体"，也即一个基于现实且能够凝聚多方因素的整体协作平台，包括智慧共同体、资源共同体和行动共同体三个层面，以保障并推动教育综合改革呈现出波状化的立体推进格局⑧。也有学者从"协同"的概念出发，提出组织协同是教育综合改革的动力源，强调要将教育行政部门与其他政府部门协同起来，从而使教育部门的综合改革能够获得其他政府部门的更大支持与合作；将学校、政府、家庭、科研机构与市场等不同主体的利益诉求围绕教育活动协同起来，从而使各种利益诉求在教育改

① 钟秉林.加强综合改革，平稳涉过教育改革"深水区"[J].教育研究，2013(07)：4-17.
② 曾天山.影响中国教育改革发展的重大理论研究[J].西北师大学报(社会科学版)，2016(01)：80-90.
③ 杨道宇.试论教育综合改革的基本特征[J].理论探讨，2014(04)：31-35.
④ 郝德永.教育综合改革的方法论探析[J].教育研究，2018(11)：4-11.
⑤ 张福昌.关于深化省域教育综合改革的思考[J].现代教育管理，2014(01)：1-17.
⑥ 翁铁慧.聚焦重点领域实施攻坚当好教育综合改革探路者[J].中国高等教育，2015(19)：7-12.
⑦ 吴康宁.改革·综合·教育领域——简析教育领域综合改革之要义[J].教育研究，2014(01)：41-46.
⑧ 祝新宇，李嘉骏.论区域教育综合改革的实践要义[J].中国教育学刊，2013(07)：7-10.

革红利中得到更大满足;将各级各类学校整合起来,从而产生更大的协同育人效应。① 另一个重要路径是深化省域统筹。省级教育在我国教育体系中具有承上启下的地位和优势,并且同样的问题在不同地区、不同发展阶段也表现出极大的差异性。因此,结合各省(市)级,打破教育系统内外各职权部门之间的壁垒,破解教育改革在人事薪酬、管理评价等方面的推进难题就显得尤为重要。② 甚至可以说,加强省级教育统筹是推进教育综合改革的突破口之一。通过强化省级政府对各级各类教育的统筹、加强省级政府各部门间的协调、加强教育决策咨询机构建设、完善省级政府统筹下的教育财政体制等,有助于推进教育领域综合改革向深入发展。③

此外,其他学者也各自从不同角度为教育综合改革的推进提出了路径建议。有学者指出,教育综合改革作为一种嵌入社会网络的改革,它需要实现从实体到关系的范式转型,具体来说就是要实现从单个学校向关系网络的转变、从人力资源到社会资本的转变以及从形式统一到多元整合的转变。④ 同时,教育综合改革是一项复杂的活动,越是复杂的改革就越是需要大胆想象、小心求证、实事求是。因此,加强教育实验也不失为一种推动教育综合改革的方式,通过发挥其先导性、试验性和创新性,有助于增强我国教育改革实践的科学性。在这一过程中,教育实验不能照搬自然科学的实验方法,而要构建适合教育自身特点的、具体的、可操作性的实验范式。⑤ 此外,还有学者提出,通过凝聚多元利益主体的改革共识、整体协同推进、确立过程与结果并重的改革评价模式、构建相互关联的改革保障机制等,促进教育综合改革这项复杂系统工程取得实质性的突破。⑥

---

① 杨道宇.论教育综合改革的协同性[J].江苏高教,2017(03):39-43.
② 张福昌.关于深化省域教育综合改革的思考[J].现代教育管理,2014(01):1-17.
③ 李立国.以省级教育统筹推进教育领域综合改革[J].清华大学教育研究,2013(01):14-16.
④ 孟昭海.从实体到关系——教育综合改革的范式转型[J].中国人民大学教育学刊,2015(04):83-95.
⑤ 周长春.加强教育实验,推动教育综合改革[J].中国教育学刊,2015(01):3.
⑥ 岳伟,徐洁.以生态学思维引领教育综合改革[J].中国教育学刊,2014(12):11-15.

第二章　上海市教育综合改革的
目标与任务

2014 年 11 月 21 日,中共上海市委、上海市人民政府印发实施《上海市教育综合改革方案(2014—2020 年)》(以下简称《方案》)。《方案》指出"当前,上海已基本实现教育现代化,正朝着率先全面实现教育现代化的目标大步迈进"。《方案》分为三大部分:一是总体思路,包括指导思想、基本原则、改革目标;二是重点任务,包括 10 项重点任务和 52 条重大改革举措;三是保障措施。《方案》提出教育综合改革的总体目标为教育治理体系和治理能力现代化,在此基础上构建了育人制度体系、"管办评"制度体系、开放联动制度体系三大制度体系。[①] 本章在对上海市教育综合改革发展历程、方案规定的目标和任务进行阐述的基础上,提出了上海市教育综合改革进展研究的分析框架。

一、上海市教育综合改革的发展历程

上海市教育综合改革的探索始自 2010 年,经历了酝酿准备、启动实施、深化落实与成果显现三个阶段。

(一)酝酿准备阶段(2010—2013 年)

2010 年 3 月 3 日,上海市人民政府和教育部在北京签署为期 5 年的《教育部、上海市人民政府共建国家教育综合改革试验区战略合作协议》,并召开国家教育综合改革试验区领导小组第一次会议。根据协议,教育部将支持上海在以下七个方面进行探索和改革:一是探索教育公共管理新体制和新机制,提升教育

---

①　上海市教育综合改革专家咨询委员会秘书处.为教育改革探路　为教育现代化助力(上海市教育综合改革发展报告 2014—2017)[M].上海:上海人民出版社,2017:11.

公共管理水平;二是探索人才培养模式和招生考试制度改革,全面实施素质教育;三是探索教育支撑产业结构调整的机制与路径,增强教育服务能力;四是探索扩大教育对外开放的机制与模式,提升教育国际化水平;五是探索推动学习型社会建设的新机制,完善终身教育体系;六是建设教育发展战略性支持平台,增强教育基础研究的决策咨询与服务指导功能;七是增强上海教育辐射服务功能,探索建立教育区域合作联动发展的新格局。[①]

2010 年 6 月 21 日,中共中央政治局会议审议通过《国家中长期教育改革和发展规划纲要(2010—2020 年)》(以下简称《纲要》),全文于 2010 年 7 月 29 日公布。《纲要》作为中国进入 21 世纪之后的第一个教育规划,也是今后一个时期指导全国教育改革和发展的纲领性文件,其主要内容包括推进素质教育改革试点、义务教育均衡发展改革试点、职业教育办学模式改革试点、终身教育体制机制建设试点、拔尖创新人才培养改革试点、考试招生制度改革试点、现代大学制度改革试点、深化办学体制改革试点、地方教育投入保障机制改革试点以及省级政府教育统筹综合改革试点十个方面。同年,国家教育体制改革领导小组办公室在全国范围内启动"教育体制改革试点项目"申报工作。上海市借此契机,成功申报 27 项国家教育体制改革试点项目,立项总数居全国首位。全部项目均被列入 2010 年规划纲要"十大工程"启动项目。

(二) 启动实施阶段(2014—2015 年)

党的十八届三中全会之后,上海市和清华大学、北京大学一起向党中央、国务院"主动请缨,承担改革试点任务",国家教育体制改革领导小组在 2014 年 7 月召开第十一次会议,原则上同意上海市、清华大学、北京大学"一市两校"的教育综合改革方案。

2014 年 11 月 21 日,经国家教育体制改革领导小组审议批准,上海市委、市政府印发实施《上海市教育综合改革方案(2014—2020 年)》,分十大部分、52 条重大改革举措,并详细附列 214 项具体改革项目。自此,上海市教育综合改革试点实践全面展开。次日,教育部和上海市人民政府在沪召开部市共建国家教育综合改革试验区工作总结暨深化上海教育综合改革工作推进会,充分肯定上海

---

① 余冠仕,沈祖芸.教育部上海市共建国家教育综合改革试验区[N].中国教育报,2010 - 03 - 04.

教育综合改革在第一阶段(自 2010 年签署协议始,为期 5 年)建设中所取得的一系列成果,并同时签署为期 7 年的《部市深化上海教育综合改革战略合作协议》。协议指出,双方将在五大领域 24 项重点工作上开展合作,配套建立相关合作保障机制,共同支持上海争当全国教育综合改革的探路者、示范者和引领者,发挥"试验田"作用,积极探索可复制、可推广的经验成效。

2015 年 1 月,上海市委印发通知,正式成立上海市教育综合改革领导小组,由上海市委副书记和分管副市长共同担任组长,成员单位扩增至 32 个,并设立包括基础教育改革、职业教育与高等教育改革、终身教育与民办教育改革、考试招生综合改革、干部人事薪酬机制改革等在内的 10 个专项组,按照"分步"(分季度、年度落实 214 项改革项目)、"分类"(分市级、区政府和高校三条线同步推进)的策略,统筹推进各项既定任务的落实。

(三)深化落实与成果显现阶段(2016—2019 年)

2016 年 4 月 1 日至 5 月 16 日,教育部综合改革司分别以《狠抓改革任务的落地落实》《编制高等教育布局结构与发展规划 推进高校分类管理、特色发展》《编制高等学校学科发展规划 打造"高峰"学科点和"高原"学科群》《编制实施现代职业教育体系建设规划 为区域经济提质增效升级提供有力支撑》为题,连续 4 期发布有关上海市强化教育综合改革市域统筹的系列简报,宣传综合改革取得的经验。简报指出,上海通过完善教育综合改革的组织领导和工作落实机制,加大市域统筹力度,制定实施高等教育布局结构调整、一流学科建设和现代职业教育体系建设三大规划,按照分步、分类的推进策略,确保教育综合改革任务有力有序落实。

2016 年 6 月 2 日,中国教育新闻网以《释放制度创新红利 全面推进教育现代化》为题,梳理报道上海市教育综合改革的思路与举措。报道指出,上海市教育综合改革旨在逐步构建育人制度体系、"管办评"制度体系、协同联动制度体系三大制度体系,并已在构建大中小学一体化德育体系、推进高考综合改革国家试点、推行"学区化""集团化"办学、构建以经常性经费为主的高校投入机制、探索多元主体参与教育督导评估、开展"七省十一地州"教育对口支援等方面取得了积极进展。

2017 年 11 月 17 日,《中国教育报》发表《上海推动城乡学校携手共进》一文,重点报道上海市教育综合改革在促进城乡一体化均衡发展方面的具体举措,介绍"郊区义务教育学校精准委托管理"和"城乡学校互助成长项目"两项核心内容。报道指出,近年来上海持续推动机制创新,把学区化集团化办学、新优质学校集群发展、城乡学校携手共进计划作为新时期推动义务教育优质均衡发展的"三驾马车",创办了很多"家门口的好学校"。① 该报道被教育部官网教改动态栏目转载。

2018 年 4 月 22 日,深化上海教育综合改革 2018 年度工作推进会在沪召开。会上,陈宝生部长充分肯定了上海市在深化教育综合改革进程中率先启动、率先探索、率先受益、率先带动,为全国深化教育综合改革贡献了智慧、积累了经验。他进一步指出,新时代对中国教育改革发展提出了新的更高要求,希望上海市在进一步深化教育综合改革中加快步伐、攻坚克难,科学研判深层次问题,高质量推进改革"内部装修",聚焦目标、重点突破,提供改革样板,放大改革效益。一是继续在完善党对教育工作领导的体制机制,落实立德树人根本任务,培养担当民族复兴大任的时代新人上先行先试;二是继续在完善教育公共服务体系,全面提升教育品质,增强教育国际影响力和竞争力上加快推进;三是继续在提高现代教育治理能力,激发社会力量兴办教育,增强教育发展内在动力上改革创新;四是继续在完善现代教育保障体系,营造更加良好的教育改革发展环境,全面落实教育优先发展战略地位上不懈探索。②

次日,《文汇报》以《"上海经验"夯实"人民满意的教育"基础》为题,总结报道上海教育综合改革试点所形成的一批新的制度性、标志性成果。报道指出,上海教育综合改革国家试点"时间过半、任务过半",从最初的"各点发力"到如今逐步形成"全链条、一体化"格局,这场改革使上海教育在内涵发展上迈上了新台阶、展现出新气象。例如:以前所未有的力度启动市属高校本科教学教师激励计划,使上海本科教学质量呈现"企稳回升"趋势;率先打通"中职—专科高职""中职—应用本科"和"专科高职—应用本科"三大学历上升通道,使上海职业教育吸引力

---

① 董少校.上海推动城乡学校携手共进:郊区义务教育学校精准委托管理[N].中国教育报,2017 - 11 - 17.

② 柴葳.教育部上海市召开深化教育综合改革 2018 年度工作推进会[N].中国教育报,2018 - 04 - 23.

和应用型人才培养层次大大提升;率先启动非营利性民办高校示范校试点、非营利性民办中小学试点、民办非学历教育机构分类登记管理试点,为国家全面落实民办教育分类管理政策不断积累实践经验等。与此同时,上海还出台了我国首部促进高等教育改革发展的地方性法规——《上海市高等教育促进条例》,将综合改革以来探索形成的市级统筹机制、高校分类发展、投入保障机制、依法扩大高校办学自主权等新经验予以固化。在大胆改革基础上形成制度性经验,为上海教育事业改革发展提供全覆盖、具体化、可操作的法治保障,这是上海教育综合改革的又一亮点。①

2018年9月10—11日,全国教育大会在北京召开,会上上海市围绕推进教育体制机制改革主题作交流发言,重点凝练了在完善立德树人制度体系、促进基础教育优质均衡发展、促进高等教育内涵式发展、提升职业教育质量和提升教师队伍质量五个方面的改革经验。其中,在完善立德树人制度体系方面,上海市持续深化高校"课程思政"和中小学"学科德育"理念,已在高校形成以思政课必修课为核心、数十门"中国系列"思政课选修课为骨干、百余门综合素养课为支撑、一千余门专业课为辐射的"课程思政"同心圆。② 在促进基础教育优质均衡发展方面,上海市已推行五轮郊区农村学校委托管理,150余所相对薄弱学校接受托管,受益学生超过12万人;学区化集团化办学覆盖全市义务教育阶段学校总数的70%,老百姓家门口的新优质学校覆盖全市义务教育阶段学校总数的25%。在促进高等教育内涵式发展方面,上海市自2014年以来持续实施市属高校教师教学激励计划,要求所有教授必须为本科生讲授通识及专业基础课;同时,以学科发展为龙头,加强"高峰""高原"学科建设;探索实施高校分类管理评价,对全市高校"双一流"建设进行分类支持。

2019年3月21日,教育部、上海市在沪召开深化教育综合改革2019年度工作会商会。会上,陈宝生部长对上海市在推动教育综合改革进程中取得的成绩给予了高度评价。他表示,上海市教育在发展中体现时代性、在改革中把握规律性、在工作中富于创造性、在落实中增强实效性,又有很多新进展,取

---

① 樊丽萍."上海经验"夯实"人民满意的教育"基础[N].文汇报,2018-04-23.
② 曹继军,颜维琦.从思政课程到课程思政 上海高校全员参与共绘育人"同心圆"[N].光明日报,2018-01-03.

得不少新突破，人民群众教育获得感进一步提升。为进一步在落实中央关于教育改革的重大决策部署上做好"排头兵"、下好"先手棋"，2019年教育部和上海市将聚焦四个方面开展重点合作，包括构建德智体美劳全面培养的教育体系、加快一流大学和一流学科建设步伐、提升服务国家和上海重大发展战略能级水平、深化教育体制机制改革试点等，从而为全国教育改革的推进贡献上海经验和上海方案。①

2019年7月16日，《中国教育报》发表《紧密型学区、强校工程、教师提升计划，上海力推义务教育优质均衡——走向优质均衡可以有多种路径》一文，详细介绍上海市在新时期推进城乡义务教育优质均衡发展方面的改革经验。文章指出，为实现从"基本均衡"走向"优质均衡"，上海市于2018年提出加强紧密型学区建设，以完善与优化学区化集团化办学、城乡学校携手共进计划和新优质学校集群发展为三大重要抓手，着力构建组织更紧密、师资安排更紧密、教科研更紧密、评价更紧密、培养方式更紧密的义务教育学区，并以师资均衡为突破口，辅以全新的教育教学评价导向，通过适当放权充分调动区级政府和学校的积极性，从而进一步推动区域优质均衡。②

二、上海市教育综合改革的目标与任务

《方案》对上海市教育综合改革的总体目标和主要任务进行了详细阐述，确定了改革的蓝图和路径。

（一）上海市教育综合改革的指导思想与目标

上海市教育综合改革的指导思想：深入贯彻党的十八大和十八届三中、四中全会精神，深入贯彻习近平总书记系列重要讲话精神，坚持党的教育方针，全面落实国家和上海市中长期教育改革和发展规划纲要，以立德树人为根本，以依法推进教育治理体系和治理能力现代化为主线，深化教育领域综合改革，促进每一个学生的终身发展，不断满足人民群众对优质多样教育资源日益增长的需求，提升上海教育现代化水平，为国家基本实现教育现代化探索经验，为推进创新驱动

---

① 余闯.谱写深化教育改革推进教育现代化新篇章[N].中国教育部,2019-03-22.
② 李延洲,顾宏伟,吴巍.紧密型学区、强校工程、教育提升计划,上海力推义务教育优质均衡[N].中国教育报,2019-07-16.

发展战略和全面建成小康社会提供人力支撑和知识贡献。

在这一指导思想下，《方案》确定了上海市教育综合改革的总体目标：力争到 2020 年，形成系统完备、开放有序、高效公平的现代教育治理体系，率先实现教育现代化，努力当好教育改革的探路者、示范者、引领者，发挥试验田作用，积极为全国范围推进教育综合改革作出表率。在此基础上，经过若干年不懈努力，创建世界一流教育。①

根据教育治理体系和治理能力现代化的总体目标，逐步构建三大制度体系：一是以遵循教育规律、回归育人本原为根据，以提高人才培养质量为重点，以考试招生制度改革为突破，努力形成促进学生健康成长和终身发展的育人制度体系；二是以加强顶层设计、转变政府职能为抓手，努力形成各类教育主体各司其职、协同推进改革发展的"管办评"制度体系；三是以加强资源共享、促进融合互补为导向，努力形成促进内涵发展和教育公平、推进教育与经济社会发展合作共赢的开放联动体系。②

（二）上海市教育综合改革的主要任务

为实现上述目标，《方案》确定了 10 个方面 52 条重大改革举措 214 项重要改革任务，这 10 个方面分别为：一是提升政府教育治理能力，包括 10 条重大改革举措；二是提升学生思想道德和身心综合素养，包括 4 条重大改革举措；三是促进基础教育优质均衡发展，包括 10 条重大改革举措；四是推动职业教育融合发展，包括 3 条重大改革举措；五是强化高校特色优质发展，包括 6 条重大改革举措；六是完善衔接融通的终身教育"立交桥"，包括 3 条重大改革举措；七是鼓励社会力量多元参与办学，包括 3 条重大改革举措；八是健全分类考试、综合评价、多元录取机制，包括 7 条重大改革举措；九是增强教育的国际影响力和竞争力，包括 3 条重大改革举措；十是构建支撑教学管理深度变革的信息化环境，包括 3 条重大改革举措。③ 在此基础上，《上海市教育综合改革方案（2014—2020

① 上海市教育综合改革专家咨询委员会秘书处.为教育改革探路 为教育现代化助力(上海市教育综合改革发展报告 2014—2017)[M].上海:上海人民出版社,2017:11.
② 上海市教育综合改革专家咨询委员会秘书处.为教育改革探路 为教育现代化助力(上海市教育综合改革发展报告 2014—2017)[M].上海:上海人民出版社,2017:11.
③ 上海市教育综合改革专家咨询委员会秘书处.为教育改革探路 为教育现代化助力(上海市教育综合改革发展报告 2014—2017)[M].上海:上海人民出版社,2017:10.

年)》项目任务一览表对重点任务进行了进一步分解,并规定了项目负责单位和工作进度计划,有序推进各项改革任务的落实。

三、上海市教育综合改革进展分析框架

本书依据《方案》确定的目标和任务,考察上海市在教育综合改革过程中采取的各种举措及其成效,并从中凝练可复制、可推广的改革经验。《方案》提出根据教育治理体系和治理能力现代化的总体目标,逐步构建三大制度体系,即育人制度体系、"管办评"制度体系、开放联动制度体系。本书在这三大制度体系的基础上确立了上海市教育综合改革进展分析框架。该框架共分为三个层次:第一层次包括 5 项内容,即学生发展、教师发展、治理能力、资源保障、开放联动,其中学生发展与教师发展对应的是育人制度体系,治理能力和资源保障对应的是"管办评"制度体系,开放联动对应的是开放联动制度体系;第二层次包括 15 项内容,分别为:人才培养、招生考试、人事管理、收入分配、队伍建设、政府治理、学校办学、多元评价、教育经费、育人共同体、校企融合、协同创新、区域教育、国际合作和教育信息化;第三层次即具体观测点,共包括 27 项内容,各层次之间的相互关系见表 2-1 所示。这一分析框架抓住了教育综合改革的主线,可以全面而又有重点地对上海市教育综合改革进展情况进行分析,实现研究目标。

表 2-1　上海市教育综合改革进展分析框架

总目标	第一层次	第二层次	第三层次(具体观测点)
教育治理体系和治理能力现代化	A1. 学生发展	B1. 人才培养	C1. 提升学生思想道德和身心综合素养
			C2. 促进基础教育优质均衡发展
			C3. 健全基础教育质量综合评价机制
			C4. 改革职业教育贯通培养模式
			C5. 创新一流本科教育发展模式
			C6. 构建开放优质的终身教育学习体系
		B2. 招生考试	C7. 改革基础教育考试招生制度
			C8. 改革高等学校考试招生制度
			C9. 改革职业教育考试招生制度

（续表）

总目标	第一层次	第二层次	第三层次（具体观测点）
教育治理体系和治理能力现代化	A2. 教师发展	B3. 人事管理	C10. 创新学校人事管理制度
		B4. 收入分配	C11. 推进教师收入分配制度改革
		B5. 队伍建设	C12. 完善教师专业发展制度
	A3. 治理能力	B6. 政府治理	C13. 建立基于战略规划的市级统筹机制
			C14. 建立高校分类管理与评价体系
			C15. 落实和扩大学校办学自主权
		B7. 学校办学	C16. 完善现代大学内部治理结构
			C17. 优化中小学管理体系
		B8. 多元评价	C18. 建立多元参与教育督导评价机制
	A4. 资源保障	B9. 教育经费	C19. 改革教育经费投入机制
			C20. 完善教育经费使用机制
			C21. 健全教育经费监管机制
	A5. 开放联动	B10. 育人共同体	C22. 合力构建"校内外育人共同体"
		B11. 校企融合	C23. 营造跨部门联动和校企深度融合的制度环境
		B12. 协同创新	C24. 形成以需求为导向的产学研协同创新模式
		B13. 区域教育	C25. 推进长三角一体化教育协同发展
		B14. 国际合作	C26. 增强教育的国际影响力和竞争力
		B15. 教育信息化	C27. 构建支撑教学管理深度变革的信息化环境

在该分析框架下，本书从学生发展、教师发展、治理能力、资源保障、开放联动5个方面考察上海市教育综合改革的举措与成效，并以附录的形式对上述5个方面的改革目标、改革政策、改革举措进行整理。详见附录1、附录2、附录3、附录4、附录5。在此基础上，凝练总结上海市教育综合改革过程中形成的经验与亮点，同时发现存在的问题，并就进一步深化教育综合改革提出建议。

第三章 上海市教育综合改革的
举措与成效

2014 年以来,上海市在深化教育综合改革进程中率先启动、率先探索、率先受益、率先带动,在落实中央关于教育改革的重大决策部署上当好"排头兵"、下好"先手棋",一批标志性、引领性的改革举措取得明显成效,一些制约教育事业改革发展的体制机制瓶颈取得重大突破,教育公共服务水平和教育治理能力不断提升。根据教育综合改革进展分析框架,本章从学生发展、教师发展、治理能力、资源保障和开放联动 5 个方面着手,对上海市教育综合改革的举措与成效进行研究。

一、学生发展

《方案》提出了"以遵循教育规律、回归育人本原为根本,以提高人才培养质量为重点,以考试招生制度改革为突破,努力形成促进学生健康成长和终身发展的育人制度体系"的改革目标,并针对其中"学生发展"部分,具体明确了多项框架性改革任务,包括"提升学生思想道德和身心综合素养""促进基础教育优质均衡发展""推动职业教育融合发展""强化高校特色优质发展""完善衔接融通的终身教育'立交桥'""健全分类考试、综合评价、多元录取机制"等。对照相应改革目标与改革任务,上海市出台了一系列政策文件,推动各项改革措施全面落地,在促进和保障每一位学生的健康成长和终身发展方面成效显著。

(一) 提升学生思想道德和身心综合素养

1. 改革政策出台情况

上海市先后编制实施《上海市学校德育"十三五"规划》,出台《关于建立完善培育和践行社会主义核心价值观长效机制的实施意见》《中共上海市教育卫生工作委员会、上海市教育委员会关于完善中华优秀传统文化教育长效机制的实施意见》等,统一科学指导学科德育工作,全面推进社会主义核心价值观和中华优秀传统文化教育。深化学科德育和课程思政改革,出台《关于深入推进上海高校课程思政教育教学改革的指导意见》《上海高校思想政治工作专项经费管理办法(试行)》《上海高校马克思主义理论学科、思想政治理论课建设绩效评价指标(2019 年本)》《上海高校马克思主义学院建设规范(2019 年本)》等,继续实施马克思主义理论学科发展支持计划、马克思主义理论学科人才培养登峰计划,加强学科人才培养和梯队建设。编制发布《上海市学校体育发展"十三五"规划》《上海市体教结合促进计划(2016—2020 年)》《上海市小学体育兴趣化、初中体育多样化课程改革指导意见(试行)》《上海市高中体育专项化课程改革指导意见(试行)》《上海市教育委员会等 7 部门关于加快发展青少年校园足球的实施意见》《关于加强本市中小学体育艺术工作的指导意见》《关于进一步加强本市学校体育场馆向社会开放工作的实施意见》《上海市学校体育场馆向社会开放导则》等,鼓励开展学校体育"一校多品"创建活动,指导建立纵向贯通、有效衔接的"小学兴趣化、初中多样化、高中专项化、大学个性化"的体育课程体系,支持发展青少年校园足球。上海市人民政府与教育部签署学校美育改革与发展备忘录,出台《关于全面加强和改进学校美育工作的实施意见》,指导推进艺术类课程改革。

2. 改革举措落实情况

为全面贯彻落实"育人为本"的教育方针,进一步促进学生思想道德和身心综合素养发展,上海市将改革的着力点放在以下三个方面。

(1)德育为先,促进社会主义核心价值观入脑入心

建立全方位育人模式,促进学生综合素质发展,当以德育教育为根本。为此,上海市充分发挥课堂教学主渠道作用,创新社会主义核心价值观教育工作体系,加强中华优秀传统文化熏陶,以德育教育引领和助推诸育融合。

一是积极构建大中小学德育一体化育人体系。基础教育全面落实"学科德育",编制形成历史、道德与法治等 9 门学科的德育教学指南和学校综合德育活动指导意见,建成 1000 多堂覆盖全学科的"特色示范课堂""学科德育精品课"资源库;持续建设 8 个上海市学科德育协同研究中心、35 个中小学骨干教师德育

实训基地、17 个覆盖全学段的中小学班主任带头人工作室①;28 个案例获评全国中小学德育工作典型经验。此外,各区纷纷开展德育课程建设工作,发挥学科育人价值。例如:普陀区在 21 所学校开展学科德育试点,并形成了《普陀区学科德育优质课 100 例》示范性教学成果;崇明区确立三个学段共 9 所基地学校和 6 门学科进行学科德育实践试点,采取"以点带面"的策略,提高学科德育的指导力,2016 年 8 堂课入选教育部精品课程;等等。

与此同时,高等教育率先践行"课程思政"。第一,着力推进高校思想政治理论课改革,创新建设"4+1+X"上海高校思政课课程体系。2015 年以来,首批遴选 5 个市级高校思想政治理论课教学改革试点单位,进行跟踪管理、全程指导;成立首届上海高等学校思想政治理论课教学指导委员会,完善课程改革领导机制;开展思政课大调研,组织专家赴全市高校听课逾 450 堂;重点推出复旦大学"中国共产党治国理政理论与实践"等教学改革课程以做示范。至 2017 年已率先实现全市高校课程建设的"三个全覆盖",即开设"中国系列"思政选修课程全覆盖、开展综合素养课程改革全覆盖、开展专业课程育人全覆盖。2019 年,上海市进一步出台《上海高校思想政治工作专项经费管理办法(试行)》《上海高校马克思主义学院建设规范(2019 年本)》和《上海高校马克思主义理论学科、思想政治理论课建设绩效评价指标(2019 年本)》,继续实施马克思主义理论学科发展支持计划、马克思主义理论学科人才培养登峰计划,加强学科人才培养和梯队建设。第二,深入开展"课程思政"试点工作,启动整体试点学校 12 所、重点培育学校 12 所,其余所有高校作为一般培育学校。截至目前,各高校均已成立"课程思政"改革领导小组和"课程思政"教育教学改革办公室,领导开展试点工作,并已培育形成了以思政课必修课为核心、数十门"中国系列"课程为骨干、三百余门综合素养课为支撑、一千余门专业课为辐射的"课程思政"育人同心圆。② 2019 年,上海市开展"上海高校课程思政领航计划",遴选确立 10 所"领航高校"和 20 所"领航学院"③,进一步推动课程思政改革纵深发展。第三,启动上海高校思政工

---

① 上海市教育委员会.2018 年上海市教育工作年报[EB/OL].(2019 - 04 - 05)[2019 - 09 - 28].http://edu.sh.gov.cn/xxgk_qtgz_jygznb/20200514/0015-gw_9042019001.html.

② 曹继军,颜维琦.从思政课程到课程思政　上海高校全员参与共绘育人"同心圆"[N].光明日报,2018 - 01 - 03.

③ 上海市教育委员会.2019 年上海市教育工作年报[EB/OL].(2020 - 04 - 23)[2020 - 04 - 27].http://edu.sh.gov.cn/xxgk_qtgz_jygznb/20200514/0015-gw_9042020001.html.

作"三圈三全十育人"综合改革,获批全国首批"三全育人"试点区,2所高校入选首批整体试点校,4家高校二级学院入选首批试点学院。① 此外,上海市还积极推进"易班"内涵建设,吸引全国21个省区市476所高校参与共建,覆盖学生超过百万,逐渐形成了线上线下相结合,全员全过程全方位的网络育人格局。

二是全面推进社会主义核心价值观和中华优秀传统文化教育。上海市以深化"进课堂""进教材""进课外"等"六进"②工作为抓手,历时两年编撰完成十余册《中华优秀传统文化经典诵读》系列教材,覆盖小学、初中、高中三个学段,用学生喜闻乐见的诵读形式,潜移默化渗透中华优秀传统文化教育;通过"师生经典诵读""劳模精神进校园""勿忘国耻圆梦中华"纪念中国人民抗日战争暨世界反法西斯战争胜利70周年等系列主题教育活动的开展,加深对广大青少年的爱国主义教育;建成学生社会实践基地(项目)1838个,提供岗位逾55万个,推动校内外育人共同体建设取得成效;重点打造"行走的课堂"育人品牌,组织全市60所高校逾10万名大学生,奔赴全国30个省份开展"小我融入大我,青春献给祖国"主题社会实践活动③;10位知名劳模分别受聘成为10所高校的特聘教授,积极传递"工匠精神";进一步创新实践载体,构建上海社会大课堂,充分发挥各类科普教育基地的作用,探索形成"体验交融、课程主导、内外联动、多点孵化"的中华优秀传统文化育人模式。

(2)体教结合,提高学生身心健康水平

为引导义务教育体育多样化和高等教育体育专业化,促进学生达到体质健康标准、掌握必要的运动技能、养成良好的锻炼习惯,上海市以"学生健康促进工程"和"校园足球改革计划"为抓手,系统化推进学校体育教学改革,建立纵向贯通、有效衔接的体育课程体系。

一是纵向改革学校体育教学课程。2014年,上海市首先在17个试点高中推行"高中体育专项化"教学改革试点。共组建9个项目中心组,编制9个项目

① 上海市教育委员会.2018年上海市教育工作年报[EB/OL].(2019 - 04 - 05)[2019 - 09 - 28]. http://edu.sh.gov.cn/xxgk_qtgz_jygznb/20200514/0015-gw_9042019001.html.

② 上海教育.2014年以"六进"推进社会主义核心价值观和中华优秀传统文化教育情况(2015 - 09 - 22)[2018 - 03 - 10].http://www.shmec.gov.cn/web/jyzt/zygzl11/jyzt_show.php? area_id=3013&article_id= 83627.

③ 上海市教育委员会.2019年上海市教育工作年报[EB/OL].(2020 - 04 - 23)[2020 - 04 - 27]. http://edu.sh.gov.cn/xxgk_qtgz_jygznb/20200514/0015-gw_9042020001.html.

教学大纲,制定高中专项化课程改革指导意见,并为试点高中配备体能教室,以实现体能教学与专项技能教学同步发展。在此基础上,启动"小学体育兴趣化"和"初中体育多样化"教学改革方案的研制工作,并于 2015 年正式启动试点,22所小学和 23 所初中成为首批试点学校。与此同时,徐汇、闵行、宝山等区的体育课程改革整体试点工作也相继展开。2016 年,上海市教委颁布实施《上海市体教结合促进计划(2016—2020 年)》,鼓励开展学校体育"一校多品"创建活动,并首次启动"大学公共体育课程个性化"试点工作。2018 年,上海市印发《上海市"小学体育兴趣化、初中体育多样化"学校体育课程改革指导意见(试行)》,并组织开展中小学体育课程实施情况专项评估,积极指导做好小学 1—5 年级每周增加 1 节体育课的实施工作。至此,纵向贯通、有效衔接的"小学兴趣化、初中多样化、高中专项化、大学个性化"的体育课程体系初步建立,上海体教结合工作迈向新高度。

二是大力发展青少年校园足球。2015 年以来,上海市积极申报全国青少年校园足球特色学校及全国校园足球试点区,全市 90 所中小学成为全国首批足球特色学校,崇明区成为首批全国足球试点区。通过加强校园足球人才队伍建设,开展外籍足球教练进校园试点工作,组织全覆盖的校园足球活动指导员培训等,提高校园足球教训水平;通过每年举办中国(上海)国际青少年校园足球邀请赛,为各国青少年足球队来沪交流提供平台。至 2019 年,上海市持续推进校园足球改革试验区、试点区、特色学校、满天星精英训练营建设;并以校园足球为引领,积极推动"三大球"校园联盟建设,先后推进成立足球、篮球、排球、田径运动队联盟;同时积极开展市级奥林匹克教育示范学校、冰雪运动特色学校遴选工作,体育后备人才培养机制得到创新。

三是推动建设青少年校外体育活动中心。上海市教委联合市体育局,共同推进市级青少年校外体育活动中心创建试点工作,充分利用公共体育设施资源,为青少年提供丰富的校外体育活动场地和运动竞赛平台。自 2016 年起,在普陀等 3 个区试点建设学生课外体育活动中心;在杨浦区试点建设学生体育运动修整室,开展校园体育场地开发和综合利用工作。2018 年,继续推进黄浦区、浦东新区、长宁区建设区级学生课外体育活动中心,并加强市级单项体育训练基地建设,完善运动队选拔管理机制。截至目前,上海市已有 10 个区建立了青少年校外体育活动中心。

四是完善体育素养评价指标体系。上海市自 2016 年起研究建立学生体育素养评价指标体系和办法,成立上海学校体育评估中心,研究完善初中毕业升学体育考试改革方案,构建学生体质健康三级监测网络。2018 年,上海市指导发布全国首个面向普通学生的运动技能等级标准,并在杨浦区、松江区开展体育素养评价试点,研究建立学生体育素养评价指标体系。与此同时,上海市还积极开展健康教育。通过组织建设中小学校健康教育课程,编制 10 门健康教育网络课程,开展市级中小学校健康教育示范课、健康教育示范学校评选活动;编写《学生健康知识手册》,开展中小学健康教育和青少年学生禁烟控烟等主题教育;落实《健康中国 2030 规划纲要》和《健康上海 2030 规划纲要》精神,在普陀区等 3 个区试点开展青少年身心健康传播工作,促进学生健康幸福成长。

(3) 文教相辅,提升学生美育和人文素养

上海市积极推进学校艺术教育工作。一方面,面向全体学生,实施艺术普及教育。在 2014 年启动小学艺术类课程改革的基础上,上海市持续深化"中小学艺术教育一体化"改革,初步建立起一套大中小学相互衔接的艺术教育课程体系。2017 年与教育部签署《学校美育改革与发展备忘录》,进一步推进艺术类课程改革。依托上海戏剧学院、上海师范大学等高校资源,试点"戏剧、舞蹈、音乐、影视、戏曲"等艺术类课程改革。开展"戏曲进校园""篆刻进校园"等活动,扶持 10 所高校建设中华传统文化基地,命名 109 所市级篆刻试点学校。[1] 着力加强音乐、美术等艺术类学科师资的互融共通,通过建设中小学艺术教育名师指导工作室、高校高层次文化艺术人才工作室、高校紧缺艺术人才创新工作室,成立上海市学校艺术教育发展评估中心,鼓励组织艺术类教师赴海外参加培训,试点文教跨界共建上海美术学院等,进一步支持培养高水平文艺后备人才,大力提升学生美育和人文素养。

另一方面,双向结合,拓展艺术教育新途径。上海市积极推进社会艺术场馆、专业院团与学校艺术教育有机结合,丰富艺术教育形式,培养高水平文艺人才。推进"上海交响乐团""上海歌剧院"等学生艺术教育实践基地建设,成立上海学生舞蹈联盟,打造上海学生交响乐团、学生合唱团、学生民乐团等联盟品牌,

---

[1] 上海市教育委员会.2019 年上海市教育工作年报[EB/OL].(2020 - 04 - 23)[2020 - 04 - 27]. http://edu.sh.gov.cn/xxgk_qtgz_jygznb/20200514/0015-gw_9042020001.html.

全市 462 所大中小学校加入"五大"学生艺术联盟①。先后筹办第四届中国校园戏剧节、首届学生艺术设计展、大学生艺术团民乐专场音乐会、首届学生戏曲大赛、全国少儿舞蹈大赛、全国大学生艺术展演等高水平艺术活动,并每年组织夏季音乐节、国际艺术节、学生新年音乐会、大学生原创音乐大赛等重大艺术节庆活动,极大地丰富了学校艺术教育的形式。

(二) 促进基础教育优质均衡发展

1. 改革政策出台情况

在促进城乡基础教育一体化方面,上海市制定颁布了《上海市城乡发展一体化"十三五"规划》《促进上海城乡义务教育一体化的实施意见(暂行)》《上海市新优质学校集群发展三年行动计划(2015—2017 年)》《关于促进优质均衡发展、推进学区化集团化办学的实施意见》等文件。文件规定:以义务教育资源配置标准化、均等化为目标,实施全市基本统一的义务教育五项标准;以"优质导向、专业引领、主体激发、创新驱动"为指导思想,全面推进学区化、集团化办学,全市基本形成学区化、集团化办学新格局;按照"办好每一所家门口的学校"的要求,实施新优质学校集群发展计划,引领每一所学校在创新发展中走向新优质,创造上海"新优质教育"品牌等,②统筹建立促进基础教育优质均衡发展的资源配置体系。

2. 改革举措落实情况

通过统一义务教育学校办学标准,推进学区化、集团化办学和新优质学校集群式发展,加快郊区教育资源布局,基础教育优质均衡发展的资源配置体系逐步完善。

(1) 推行基本统一的义务教育学校办学 5 项标准

为确保基础性资源的均衡化配置,教育、财政、人社等 9 部门于 2015 年联合印发《促进本市城乡义务教育一体化的实施意见(暂行)》,启动实施义务教育学校办学"5 项标准",包括完善中小学学校建设标准、优化学校教育装备配置、加强学校信息化环境建设、健全教师配置及收入标准和探索生均拨款基本标准。"5 项标准"的统一,实际上拉近了农村学校、薄弱学校与城镇学校、优质学校间

---

① 上海市教育委员会.2019 年上海市教育工作年报[EB/OL].(2020 - 04 - 23)[2020 - 04 - 27]. http://edu.sh.gov.cn/xxgk_qtgz_jygznb/20200514/0015-gw_9042020001.html.

② 上海市人民政府.上海市城乡发展一体化"十三五"规划[EB/OL].(2016 - 10 - 28)[2019 - 07 - 27].http://www.shanghai.gov.cn/nw2/nw2314/nw2319/nw2404/nw41341/nw41342/u26aw50488.html.

的差距，特别是在教师待遇和硬件基础设施建设方面，成效显著。其中，全市城镇和农村、市区和郊区间教师基本待遇的"一体化"，大大缓解了教师因待遇水平差异而出现的单向流动，使偏远区每年流失的教师数量大幅减少，教育的基本面得到稳固。此外，基础设施建设的合理投入，也大幅缩小了农村学校与城镇学校硬件条件上的差距。仅在2016年，就完成"一场一馆一池"项目开工168个，创新实验室、图书馆升级、安全教育场所等装备项目523个，新增无线网络覆盖学校222所、互动式多媒体教室2795间、教室移动终端设备配置1.22万台。[①] 目前，学校校舍、运动场地以及信息化建设，已基本在全市范围内达到均衡，甚至农村学校的生均教育教学面积比城镇学校更为宽裕，改革成效相当显著。2019年，上海市教委联合5部门出台《关于全面加强本市乡村小规模学校和乡镇寄宿制学校建设的实施意见》，进一步促进两类学校"小而优"发展。

（2）推进学区化、集团化办学和新优质学校集群式发展

为促进优质基础教育资源的共建共享和辐射带动效应，从"软件"角度缩小校际差距，上海市大力推进学区化、集团化办学。所谓"学区化"办学，即以一定的区域范围为界，在这个范围内的学校，它们的教育教学资源（包括师资、特色教育资源、硬件设施等），要提倡共建、共享、共用。通过合理划分学区，拉近校际差距，增加开展研讨活动的频率，统筹配置创新实验室等硬件设施，有助于孩子们分享、接触更多优质的教育资源。如崇明区的学区划分，让一定地域范围内各学段的学校从幼儿园、小学到初中、高中都在一个学区内，以保证各校的体育或艺术特色教育（如乒乓球、跳绳等）能够得以衔接和持续。而所谓"集团化"办学，则是实行"单一法人"制度，即集团内的学校都只拥有同一个校长，由好的学校带动薄弱学校，并对好的学校提供经费补贴。对于区域内新引进的学校，新建校舍、解决教师编制等问题由区政府负责；派任校长、提供课程资源等由引进学校的校本部负责；与此同时，每年新招的教师提前一年去本部进行跟岗培训，学习理念、课程等，并增加相互间开设教学讲座、教师培训等互动，以实现优质教育资源的辐射带动作用。自2014年起，上海市创新启动学区化集团化办学，由徐汇、闸北、杨浦、金山4区先行试点；2015年，在总结试点经验的基础上，市教委研究制

---

① 上海市教育委员会.2016年上海市教育工作年报[EB/OL].(2017 - 04 - 06)[2019 - 03 - 25].
http://edu.sh.gov.cn/xxgk_qtgz_jygznb/20200514/0015-gw_9042017001.html.

定《关于推进本市学区化集团化办学的实施意见》和《上海市新优质学校集群发展三年行动计划(2015—2017 年)》,并在全市各区全面推行。截至 2018 年,上海市举行学区化、集团化办学城市论坛,全市共形成 190 个学区和集团,覆盖70％以上的义务教育学校。[①] 2019 年,上海市出台《关于推进本市紧密型学区和集团建设的实施意见》,启动本市紧密型学区和集团首批创建工作。与此同时,学区和集团发展性评估项目开始启动,关于本市加强紧密型学区和集团建设的实施意见已在研制中,学区化、集团化办学逐步向内涵式发展转变。

此外,上海市启动城乡学校携手共进计划,力争办好"家门口的好学校",缓解郊区教育资源紧张矛盾,截至 2019 年,中期目标达成率达到 97.36％。[②] 同时,着力打造一批"不挑生源、不集聚资源、不以分数排名为教育追求"且育人质量过硬的新优质学校,并鼓励其集群式发展。2014 年以来,市教委通过建立"新优质学校"研究所、编写《走向新优质——新优质学校推进项目指导手册》、开展市级新优质项目学校设计实验和"绿色指标"专题培训等,研究和推进实施新优质学校集群发展计划。截至 2017 年 8 月,市、区两级新优质学校集群覆盖义务教育阶段 382 所学校,约占全市义务教育学校总数的 25％[③],市民享有的优质教育资源数量明显增加。各区还因地制宜、创新机制,推进新优质学校集群式发展。

(3) 托管流动、多措并举,推动郊区教育资源布局逐步优化

上海市创新优化郊区教育资源布局模式,通过委托管理、对口办学、柔性流动、资源引进等方式,不断促进城乡基础教育均衡发展,逐步完善资源配置体系。一方面,扎实推进名校对口办学和委托管理工作,定点帮扶提升郊区学校办学水平。由 7 个中心城区与 9 个郊区建立教育对口交流合作机制;鼓励上海中学、上海实验学校、复旦附中、上海交大附中等名校,赴郊区创办分校或托管举办附属学校;推进中心城区品牌义务教育小学、幼儿园到大型居住社区和郊区新城公建配套学校对口办学;实施郊区农村义务教育学校委托管理机制,重点托管郊区新

---

① 上海市教育委员会.2018 年上海市教育工作年报[EB/OL].(2019 - 04 - 05)[2019 - 08 - 21].http://edu.sh.gov.cn/xxgk_qtgz_jygznb/20200514/0015-gw_9042019001.html.

② 上海市教育委员会.2019 年上海市教育工作年报[EB/OL].(2020 - 04 - 23)[2020 - 04 - 27].http://edu.sh.gov.cn/xxgk_qtgz_jygznb/20200514/0015-gw_9042020001.html.

③ 潘晨聪.上海综改:攻坚克难,勇趟教改"深水区"[J].上海教育,2017(28):10 - 14.

开办学校和提升办学水平意愿强烈的学校。至 2017 年底,已连续开展 5 轮托管工作,共有 150 余所相对薄弱的学校接受托管,覆盖 3300 个班级,受益学生超 12 万人。[①] 另一方面,建立优质师资柔性流动机制,以"双特"教师项目激活上海郊区教育。特级教师们在流入学校不仅进行课堂授课,而且还承担着青年教师或骨干教师、区工作室等带教任务,有助于利用自身优势为流入学校教师引入资源、搭建平台,带动区域教研水平的提升。因此,上海市积极推进实施"特级校长、特级教师流动项目",鼓励"双特"教师从市区学校到郊区支教,并为此提前做出制度安排:在启动评选特级教师时,于正常 80 个额度之外增设 20 个左右自愿到郊区支教的特级教师名额,由教师们自愿申报支教名额,获评后也自愿到郊区去发挥作用。至 2017 年底,上海市已先后选派黄浦、静安等中心城区的 9 名新晋特级校长、50 名新评特级教师分赴 8 个郊区的 9 所学校开展工作,不仅激活了郊区教育,也给流入学校的师资队伍建设、教研质量带来深刻变化,有效促进了基础教育的优质均衡发展。

(三) 健全基础教育质量综合评价机制

1. 改革政策出台情况

为健全基础教育质量综合评价机制,上海市出台《小学中高年段语数外学科基于课程标准评价指南》,多学科开展基于课程标准的教学与评价调研。出台《市级中小学生竞赛活动(非体育类)管理办法》等文件,完善市级中小学生竞赛管理机制。

2. 改革举措落实情况

深化绿色指标评价和新优质学校评价改革。一方面,推进中小学学业质量综合评价改革,完成年度"绿色指标"综合评价分析报告,推出上海市中小学校"绿色指标"升级版;推进基于课程标准的教学与评价,扩大小学低年级主题式综合活动试点。启动儿童学习基础素养第二轮实践研究。另一方面,着力打造一批"不挑生源、不集聚资源、不以分数排名为教育追求"的新优质学校,为义务教育改革发展确立新的学校标杆。在此过程中,各区因地制宜创新机制,推进区域"新优质学校"集群式发展。例如:普陀区通过组建学校德育、教师发展、区域共

---

① 上海市教育委员会.2017 年上海市教育工作年报[EB/OL].(2018 - 03 - 26)[2019 - 06 - 28]. http://edu.sh.gov.cn/xxgk_qtgz_jygznb/20200514/0015-gw_9042018001.html.

享课程等7个专题新优质发展集群,区级新优质学校项目校达75%以上;闵行区推进学区和集团内的深度互融共享,推进师资、课程、管理、文化、教研等在集团和学区内校际共享;宝山区构建"多维并举、特色突破、分类推进、滚动发展"的新优质学校模式;金山区形成学校自主发展机制和学校集群发展机制,探索转型发展有效路径。

以高中学生综合素质评价引领教学改革。发布《关于印发〈上海市普通高中学生综合素质评价实施办法(试行)〉的通知》,要求从品德发展与公民素养、修习课程与学业成绩、身心健康与艺术素养、创新精神与实践能力等若干方面对学生进行记录评价,遵循采用写实记录、整理遴选、公示审核、导入系统、形成档案等程序,完成对学生的综合素质评价。通过对高中生的综合素质评价,促进普通高中积极开展素质教育,引导学生积极主动发展,并将综合素质评价结果作为高校选拔人才的参考。开发上线上海市普通高中学生综合素质评价信息管理系统以及上海市学生社会实践信息记录电子平台,认定市、区两级学生社会实践基地1800余个,提供学生实践岗位近40万个。2019年依托市教育评估院,开展高中教育质量综合评价指标体系研制工作,形成指标体系框架。

推动信息技术在基础教育质量评价中的融合应用。着力建设中小学生综合素质评价数据库系统,优化义务教育招生、学籍管理、学生综合素质评价系统,推进基础教育信息化应用;全面推进中小学教育质量综合评价改革实验区建设,研制区教育质量综合评估标准,组织申报基于课程标准教学与评价的研究课题,开展全市初中教育基本状况调研;推出上海市基础教育环境质量评估指标体系,开展区域试测。

(四) 改革职业教育贯通培养模式

1. 改革政策出台情况

上海市制定出台《上海现代职业教育体系建设规划(2015—2030年)》《上海市职业教育改革和发展"十三五"规划》《上海市高等职业教育创新发展行动计划(2015—2018年)实施方案》《上海职业教育高质量发展行动计划(2019—2022年)》《上海深化产教融合推进一流专科高等职业教育建设试点方案》等文件,旨在通过系统谋划、改革创新,进一步推动新时代上海职业教育高质量发展。出台《上海市教育委员会关于建设中高职教育贯通、中等职业教育—应用本科教育贯通高水平专业的通知》《上海市中等职业学校"双证融通"专业改革试点工作指导手册》试行本及修订本等文件,指导推进职业教育贯通培养模式改革,探索"中职—高职""中职—应用技术本科""高职—应用技术本科""应用技术本科—专业学位研究生"等贯通培养路径,试点中高职"双证融通"专业改革,打造立体化职业教育学制体系。颁布《中高职教育贯通专业人才培养方案的指导意见(试行)》《关于开展中高职教育贯通专业教学标准开发的通知》《上海市中等职业学校专业教学工作自主诊断与改进实施方案》等文件,加强高水平示范引领的贯通专业建设及师资队伍建设,探索健全职业学校内部质量监控体系,提高中高职院校教学质量与育人水平。

2. 改革举措落实情况

为推动职业教育进一步衔接贯通、融合发展,上海市着力构建从中职到专业学位研究生各学段相互衔接的学制体系,营造校企深度融合的制度环境,加强中职学历证书与职业资格证书"双证融通"的改革力度,打造双师型职业教育教师队伍,专业技能型人才培养模式改革初见成效。

(1) 多渠道、多形式纵向贯通职业教育学制体系

基于先前"中高职贯通"的试点基础,上海市在 2014 年启动"中本贯通"试点,并于 2015 年正式出台《上海现代职业教育体系建设规划(2015—2030 年》,积极探索"中职—高职""中职—应用技术本科""高职—应用技术本科""应用技术本科—专业学位研究生"等贯通路径,着力打造立体化职业教育学制体系。

在"中高贯通"方面,依托上海开放大学,重点研究会计、机电一体化(机器人方向)、物流管理、旅游管理、数控技术应用等专业的教学实施方案,包括课程衔接的模式与实施、技能认定的范畴、学分认定的方法与权限等,新增专业点建设有序推进、学分银行试点取得积极成效。至 2018 年,共设置 165 个"中高贯通"专业点、86 个专业,涉及中职学校 53 所、高职院校 29 所,招生约 6100 名。2019年,对接产业经济升级需要,又新增软件技术、计算机网络、工业机器人等 26 个"中高贯通"专业,使上海市目前拥有的"中高贯通"专业点总数达到 191 个。①

在"中本贯通"方面,2014 年启动试点,采用 7 年制的技术技能型专业人才

---

① 上海市教育委员会.2019 年上海市教育工作年报［EB/OL］.(2020 - 04 - 23)［2020 - 04 - 27］.http://edu.sh.gov.cn/xxgk_qtgz_jygznb/20200514/0015-gw_9042020001.html.

一体化培养模式,鼓励中职毕业生通过转段考试升入本科院校就读。至 2019 年,共设置 58 个"中本贯通"专业点,含近 30 个专业,至少涉及中职学校 33 所、本科院校 15 所,招生超过 1600 名,常态化的中本联合教研机制初步建立。

"高本贯通"和"专本贯通"方面,皆于 2017 年启动试点,由本科院校、专科或高职院校、企业,各司其职、紧密合作,努力形成"人才共育、过程共管、成果共享、责任共担"的紧密型校企合作办学机制。首批"高本贯通"试点开设专业 2 个、专业点 2 个,实际招生 76 人。截至目前,上海市已有 12 个高本贯通专业点①,已初步形成中职—高职—应用本科纵向完整的培养体系。从应用本科到专业学位研究生的贯通培养模式还在探索中。

(2)"双证融通"助力专业技能型人才培养模式改革

上海"双证融通"改革试点工作起步较早。2012 年,上海市教委便联合人力资源和社会保障局启动中等职业学校"双证融通"改革试点。2015 年,为进一步推动就业能力强、适应当代企业岗位需求的知识型、发展型技术技能人才培养,上海市启动高等职业教育"双证融通"试点。随着改革的深入推进,近年来上海市持续深化职业教育"双证书"制度,组织召开"双证融通"长三角地区研讨会,签订地区合作协议,编写《上海市中等职业学校"双证融通"专业改革试点工作指导手册》试行本及修订本、《上海市中等职业学校"双证融通"专业改革试点工作指南》,出版《探索"融通"之路——典型案例集》及系列教学文件汇编等,固化改革成果,充分发挥试点工作的引领与辐射作用,推动就业能力强、适应当代企业岗位需求的知识型、发展型技术技能人才培养。至 2018 年底,先后分六批共计 36 所中等职业学校、15 个专业、59 个专业点参与立项试点,设计形成 21 种配套职业资格证书和 78 门新开发实施的"双证融通"课程。2019 年,上海市落实《国家职业教育改革实施方案》,大力推动应用型本科高校、高职院校、中职学校积极参与"1+X"证书制度建设。试点第一批、第二批"1+X"证书,涉及物流管理、Web 前端开发、老年照护、建筑信息模型、智能新能源汽车等领域。上海市共有 9 所应用型本科院校、18 所高职院校、30 所中职学校的 227 个专业点 15000 余名学

① 上海市教育委员会.2019 年上海市教育工作年报[EB/OL].(2020 - 04 - 23)[2020 - 04 - 27]. http://edu.sh.gov.cn/xxgk_qtgz_jygznb/20200514/0015-gw_9042020001.html.

生参与"1＋X"证书制度试点。①

（3）规范高效推进"双师型"职业教育教师队伍建设工作

创新职业教育教师培训形式，开展市级培训基地开放日活动，加强基地之间的相互观摩、学习与交流。稳步推进中高职学校教师赴企业实践的培训工作，2016—2017 年共有 380 名中职教师赴 59 个企业实践基地参与了近 103 个项目的培训工作，另有 23 名高职专业教师完成了为期 6 个月的全脱产企业实践。组织开展中等职业教育名师培育试点，建成 47 个上海市中职名师培育工作室，成立 5 个名师协作组。深入推进中职特聘兼职教师资助管理工作，2014 年起资助范围拓展到特聘兼职教师团队，当年共有 636 位特聘兼职教师获得资助，其中个人 450 人、团队 50 个。颁布《上海市中等职业学校新进教师规范化培训的实施意见（试行）》，连续三批次完成新进教师的规范化培训工作。启动研制《上海市中等职业学校教师能力提升计划（2017—2020 年）》，持续开展职业教育教师国外研修项目，着力提高职业教育教师的专业能力和育人水平。

（4）深化职业教育教学改革推动内涵建设取得成效

近年来，上海市积极推进职业教育教学改革，通过优化专业建设与设置、开展国际水平专业教学标准试点、加强课程教材建设、推进现代学徒制、开展集团化办学等，有效推动职业教育内涵建设取得新成效。

一是优化高职专业布局。重点聚焦集成电路、人工智能、生物医药等新兴专业和学前教育、养老服务等民生领域，加快设置一批高职新专业。其中，2019 年新增 3 个学前教育专业点、2 个老年服务与管理专业点、1 个家政服务与管理专业点、2 个大数据技术与应用专业点，新增老年护理、养老护理方向。截至目前，上海一流高等职业院校立项建设 3 所学校、培育 4 所学校，上海一流专业立项建设 48 个专业、培育 11 个专业。②

二是学生培养和课程、教材建设进展顺利。对标上海产业地图，梳理 18 个行业 155 个人才需求紧缺岗位，开展人才需求分析和专业结构调整，促进教育链、人才链与产业链、创新链有机衔接；颁布《关于上海市职业院校制订中高

---

① 上海市教育委员会.2019 年上海市教育工作年报［EB/OL］.（2020－04－23）［2020－04－27］. http://edu.sh.gov.cn/xxgk_qtgz_jygznb/20200514/0015-gw_9042020001.html.

② 上海市教育委员会.2019 年上海市教育工作年报［EB/OL］.（2020－04－23）［2020－04－27］. http://edu.sh.gov.cn/xxgk_qtgz_jygznb/20200514/0015-gw_9042020001.html.

职教贯通专业人才培养方案的指导意见(试行)》《关于开展中高职教育贯通专业教学标准开发试点工作的通知》等,立项 23 门中高职专业教学标准和 42 个贯通高水平专业;研制上海中职"匠心匠艺"优质课堂建设五年方案,完成 128 门"十九大"精神进课堂国家级示范课建设;落实中职精品课程建设规划(2.0 版),立项 36 门市级精品课程建设项目,推进建设 32 个开放实训中心;制定颁布《上海市中等职业学校专业教学工作自主诊断与改进实施方案》,开展高职院校教学诊断与改进专家库建设,指导推动职业学校提高教学质量和育人水平。

三是国际水平专业教学标准的开发与实施进展顺利。大力推进国际水平专业教学标准的开发与实施工作。截至 2018 年,共开发 56 个体现国际水平的专业教学标准,试点实施 24 个国际水平专业教学标准,汇编并出版 28 个典型案例。目前,国际水平专业标准试点班学生的就业对口率比平行班高出 20 个百分点,证书一次性获取率高出 10 个百分点,育人成效明显。

四是现代学徒制试点扎实稳步推进。截至 2019 年,上海市共有现代学徒制试点中职学校 32 所,试点专业数 33 个,高职院校 11 所,试点专业数 32 个;5 所中职学校和 8 所高职院校被确立为教育部现代学徒制试点学校,4 家上海企业被教育部认定为产教融合型企业。[1]

五是职教集团成为校企合作育人载体。截至 2017 年初,上海已成立现代护理、交通物流和商贸等 9 个行业职教集团,以及嘉定、徐汇等 15 个区域职教集团,吸纳成员单位 800 多家,成为职业教育校企合作的重要载体。近年来,中高职院校累计为企业培训职工约 30 万人次,职教集团实施订单培养近万人,开展工学结合、顶岗实习 4 万多人次,校企合作取得积极进展。[2]

(五)创新一流本科教育发展模式

1. 改革政策出台情况

上海市出台《上海高等学校创新人才培养机制推进一流本科建设试点方案》,启动实施上海高等学校一流本科建设引领计划,方案对申报、遴选、动态调整试点

---

① 上海市教育委员会.2019 年上海市教育工作年报[EB/OL].(2020 - 04 - 23)[2020 - 04 - 27].http://edu.sh.gov.cn/xxgk_qtgz jygznb/20200514/0015-gw_9042020001.html.

② 董少校.加强职教贯通培养体系建设开展"双证融通"专业改革试点——上海首批 82 名中职生今秋升本[N].中国教育报,2017 - 09 - 23.

项目做出详细的规定。出台《上海市普通高等学校本科专业设置管理实施细则》，探索新专业设置及管理办法。出台《上海市教育委员会关于深入推进本科教学教师激励计划的指导意见》等文件，指导各市属高校建立教学考核评价与激励办法，鼓励高校将激励计划资金分配与教师绩效考核结果挂钩，优绩优酬，从而有效提升本科教育教学水平和人才培养质量。印发《关于本市统筹推进一流大学和一流学科建设实施意见》，有序推进上海高校"双一流"建设，提出以人才培养为核心，加快推进拔尖创新人才培养模式改革，推进卓越本科人才培养。继续完善本科生质量保障体系；不断优化本科教学教师激励机制；深化高校创新创业教育改革，鼓励高校师生积极投身大众创业、万众创新。[①] 制定《上海市目录外应用型本科专业设置省级审批试点方案》和《上海市普通高校目录外应用型本科专业设置管理办法》，探索上海市应用型本科新专业设置和建设改革试点工作。

2. 改革举措落实情况

综合改革实施以来，上海市围绕本科教学质量提升、学科专业建设提升高等教育质量，将"创新一流本科教育发展模式，推动高校本科教育教学改革"作为高校内涵发展的重要改革任务，不断深化教学为本，通过制度改革激励高校回归育人本源；强化人才培养为高校立校之本理念，解决教师重科研轻教学并导致教学质量滑坡的难题，推动本科教学质量提升。

（1）切实推进本科教育教学改革

一方面，开展各类通识课程建设，把实践能力培养等作为人才培养的重要目标。比如，上海音乐学院推动本科教学实践学分制改革，加大实践类集成性教学模式的推进。另一方面，建立行业规范化培训、职业资格认证与专业学位教育相结合的制度。[②] 例如：2014年，国家卫生计生委、教育部召开医教结合改革会议，推广上海经验。实施这些改革举措以来，上海高等教育取得显著成效，仅获得第六届国家级教学成果奖数量就有33项，其中特等奖1项（复旦大学的"5＋3"模式医学教学改革实践，特等奖全国仅2项），建成覆盖高校主要学科和专业的国

---

① 上海市人民政府：上海市人民政府印发《关于本市统筹推进一流大学和一流学科建设实施意见》的通知[EB/OL].(2018 - 02 - 22)[2019 - 12 - 10].http://www.shanghai.gov.cn/nw2/nw2314/nw2319/nw2404/nw43369/nw43370/u26aw55569.html.

② 樊丽萍，张鹏：上海教育综合改革：从单向度"育分"到全方位"育人"[EB/OL].(2016 - 12 - 30)[2019 - 12 - 10].http://www.jyb.cn/theory/jyfz/201612/t20161230_691754.html.

家级、市级、校级实验教学示范中心。成立 59 个国家级工程实践教育基地。同时,上海高校人才培养与行业就业需求的契合度逐步提升,大学生就业率维持高位,高达 95％以上,居全国前列;2019 年,组织开展上海高校优质混合式在线课程示范案例征集工作,探索基于 FD－QM 体系的标准式评议,首次遴选 50 门课程。评审立项 2019 年市级重点课程 527 门,评审认定 2019 年上海市级虚拟仿真实验教学项目 86 项,遴选推荐市属高校国家精品在线课程 17 门,遴选推荐国家虚拟仿真实验教学项目 35 项。[①]

（2）系统推进大学生创新创业教育

其一,2016 年,上海市通过出台相关文件对深化高校创新创业教育改革、全面提高人才培养质量作出部署安排,将创新创业教育作为人才培养的重要目标。其二,形成具有区域特点的创新创业教育模式。全市高校已开设 300 余门创业类课程,现有校内创业导师 600 余名、校外兼职创业导师近千名。高校结合实际形成了一批特色创业教育模式,建立以上海交通大学为代表的创业学院、实行以上海理工大学为代表的创业学分等。其三,构建多层次的创业孵化体系。加大市级层面对大学生创业的资助力度。依托市大学生科技创业基金资助 1000 余家企业。同时,搭建各类大学生创业孵化平台,高校积极开辟大学科技园,形成 70 多个大学生身边的创新创业基地,其中国家级创业孵化器 10 个。构架以"创业苗圃＋孵化器＋加速器"为载体的孵化服务链和以"专业孵化＋创业导师＋天使投资"为核心的孵化服务模式,形成徐汇、杨浦、张江 3 个孵化器聚集区。其四,建立多层次职业生涯指导服务体系和校外实践基地。市级层面开展上海大学生职业生涯指导和服务体系建设,持续创新学生职业(生涯)发展教育方法。目前,全市大学毕业生创业人数稳步增加,创业质量显著提升。其五,试点打通学生"毕业作品—产品—商品"转化通道。2016 年,上海以推进校园文化创意创新为突破口,搭建校企协作、产教融通的渠道,启动首届"汇创青春"——上海大学生文化创意作品展示季,以文化创意园区为载体,展示大学生优秀文化创意创新作品,搭建校企合作、供需对接的机制,为其他学科专业大学生创新创业积累经验。

---

① 上海市教育委员会.2019 年上海市教育工作年报[EB/OL].(2020－04－23)[2019－04－27]. http://edu.sh.gov.cn/xxgk_qtgz_jygznb/20200514/0015-gw_9042020001.html.

（3）参照国际标准建设本科专业，深化应用型人才培养工作

上海市高校积极参与国际专业认证、探索构建认证专业标准，建设精品本科。在参与国际专业认证方面，上海交通大学医学院、上海财经大学、上海理工大学等学校的若干专业通过相关国际认证标准，推进创新人才培养体系建设。在借鉴国际专业认证经验的基础上构建本土认证标准方面，上海理工大学在长三角教育联动框架机制下，与浙江工业大学、南京工业大学等理工类特色高校加强协同，开发本土工科类专业认证标准，开展本科专业评估与认证；上海中医药大学承担世界卫生组织（WHO）国际疾病分类第十一版（ICD11）传统医学国际疾病分类项目，设在上海中医药大学的国际标准化组织/中医药技术委员会（ISO/TC249）秘书处独立发布中医药国际标准，实现ISO领域中医药国际标准零的突破。在启动国内相关专业标准认证方面，华东理工大学推动工科专业参加中国工程教育专业认证协会（CEEAA）专业认证，并借鉴国际工程教育认证经验，启动建立以学生能力达成为导向的教育质量评价体系建设。在开展人才培养质量国际调查方面，同济大学参加由加州大学伯克利分校组织的"研究型大学本科生学习经历调查"，为提升人才培养质量提供针对性依据。

上海市根据 2015 年《教育部　国家发展改革委　财政部关于引导部分地方普通本科高校向应用型转变的指导意见》文件要求，从专业转型入手，在职业教育特征明显、与行业、企业联系紧密的专业中开展转型试点，推动学校转型。以专业设置注重需求导向、专业建设坚持质量标准、通过试点推进专业改革为工作思路，开展应用型本科专业建设试点工作，开展目录外应用型本科专业设置省级审批试点工作。制定《上海市目录外应用型本科专业设置省级审批试点方案》和《上海市普通高校目录外应用型本科专业设置管理办法》，分批启动应用型本科试点专业建设申报遴选，完成部分高校专业的高本贯通人才培养方案研制。2015 年，确定 26 个专业列入第一批上海市属高校应用型本科试点专业；2016 年，批准 19 个专业列入第二批应用型本科专业试点建设名单，指导两批共 45 个专业做好试点工作；2017 年，10 个目录外本科专业报教育部备案；2018 年，批准立项建设 26 个专业，审批通过 5 个目录外本科专业；2019 年，结合教育部一流本科专业建设"双万计划"，遴选省级一流专业建设点 296 个（市属高校 145 个，部属高校 151 个），推荐报送市属高校国家级一流专业建设点 145 个，向教育部

遴选推荐上海大学力学、上海师范大学中文、上海科技大学物理学三个基础学科为拔尖学生培养基地。①

（4）切实组织本科教学工作审核评估和本科专业自评，进一步优化专业结构布局

一方面，上海市加大对相关应用型本科高校开设人工智能、大飞机制造、大数据等相关专业的支持力度。另一方面，2017 年完成对上海中医药大学、上海体育学院、上海戏剧学院、上海第二工业大学、上海应用技术大学、上海海事大学、上海音乐学院、上海对外经贸大学、上海理工大学 9 所市属高校的审核评估工作。切实开展本科专业自评，研究探索新型本科专业质量治理模式，引导高校建立 5 年一轮的本科专业自主评估机制。

（六）构建开放优质的终身教育学习体系

1. 改革政策出台情况

上海市制定《上海终身教育发展"十三五"规划》《上海市老年教育发展"十三五"规划》，为终身教育发展进行顶层设计；出台《上海市教育委员会等七部门关于进一步推进本市学习型社会建设的若干意见》《关于进一步推进上海市民终身学习体验基地建设的指导意见》《关于促进本市互联网教育发展的指导意见》《上海市民终身学习体验基地评估指标（2017 版）》《上海市民终身学习体验基地（区级）建设指导标准》《上海市老年学校建设指导标准》《上海市教育委员会关于推进本市普通高校继续教育转型发展的指导意见》等，从不同方面为终身教育学习体系建设提供政策指导；制定《上海开放大学关于进一步加强系统建设的若干意见》《上海市教育委员会关于加快推进一流开放大学建设的意见》，完善上海开放大学建设，促进上海开放大学内涵发展。在《长江三角洲区域一体化发展规划纲要》发布之后，上海市教育委员会、江苏省教育厅、浙江省教育厅和安徽省教育厅共同研究制定《长三角地区社区教育、老年教育协同发展三年行动计划（2019—2021 年）》《关于成立长三角地区开放教育学分银行的通知》《长三角地区开放教育学分银行建设方案》，推进长三角地区终身教育的发展。

2. 改革举措落实情况

上海市致力于搭建衔接融通的终身教育立交桥，服务市民个性化学习需求，

---

① 上海市教育委员会.2019 年上海市教育工作年报［EB/OL］.（2020 - 04 - 23）［2020 - 04 - 27］. http://edu.sh.gov.cn/xxgk_qtgz_jygznb/20200514/0015-gw_9042020001.html.

形成泛在可选的终身教育体系。

（1）实施学分银行制度

上海市自 2011 年起开始探索学分银行项目，由上海开放大学牵头实施。通过将市民接受的学历教育和非学历教育等学习成果信息集中存入学分银行，进行学分认定、积累和转换，从而促进学历教育之间、学历教育与非学历教育之间的沟通衔接。学分银行的学分分为学历教育、职业培训和社区老年教育三类。其中，部分职业培训证书可转换为学历教育学分，社区老年教育学分不能转换为学历教育学分。综改以来，学分银行的影响力不断扩大。2019 年，在长三角区域一体化战略指导下，"三省一市"教育主管部门共同建立长三角开放教育学分银行平台，面向"三省一市"学习者，以开放教育领域为重点，以学习成果认定、积累和转换为主要功能的学习成果认证管理中心和转换服务平台，实现学分银行系统间的互联互通和资源共享，服务长三角地区终身学习区域联动机制和学习型社会建设。①

（2）构建四级社区教育网络、老年教育网络

为推进学习型城市建设，上海市构建了市、区、街镇、居村委四级社区教育网络和老年教育网络。目前，上海市有区级社区学院/老年大学 81 所，街镇社区学校/老年学校 212 所，村居委学习点 5800 多个，还有数以万计的楼组/睦邻点/中心户/宅基课堂。② 老年人的学习条件明显改善，四级教育网络的构建也方便了老年人就近入学。上海市还开发了"上海老年教育普及教材"，且形成了纸质书、电子书、网络课件和学习包"四位一体"的教材模式，其中，电子教材是国内第一套成规模的正式电子出版的老年教育读物。③

（3）充分发挥"上海学习网"及应用平台的作用

在互联网日益发达的今天，网络已经成为市民终身学习的重要平台，"上海学习网"2008 年启动建设，2009 年正式开通。该网络平台面向全体市民，包括中

---

① 上海市教卫工作党委.上海开放大学:牵头推进长三角开放教育学分银行建设[EB/OL].(2019 - 11 - 02)[2019 - 12 - 10].http://www.shjcdj.cn/djWeb/djweb/web/djweb/home! info.action? articleid= 8aafb7056def337e016e26fed6ce0167.

② 上海教育.国际学习型城市大会分享"上海经验" 上海成为"教育促进可持续发展的主题协调城市"[EB/OL].(2019 - 10 - 09)[2019 - 12 - 10]. http://edu. sh. gov. cn/web/xwzx/show_article. html? article_id=103076.

③ 吴春伟.上海建成四级老年教育网络 老年学校就在您的家门口[N].文汇报,2015 - 10 - 28.

老年人、中小学生家长、企业公司员工、农民工以及进城务工人员等,网站以"人人皆学、时时能学、处处可学"为建站愿景,融合各类学习网站,汇聚各类应用服务与学习资源,形成各级、各类学校和教育机构共同参与的终身学习与服务体系。① 综改以来,上海市继续发挥"上海学习网"及应用平台的作用,建设智能化的用户行为分析、信息服务推送与服务支撑系统。拓展与社会教育机构合作,丰富学习内容,完善学习支持服务体系,提升"上海学习网"的服务水平和服务质量。2016 年新增注册用户 11 万,累计约 193 万;新增网上课程 3588 门,累计约 18000 门;新增访问量约 2300 万次,访问量累计约 1.6 亿次;新增网上电子图书约 15000 册,累计约 50000 册;新增网上学习团队 1035 个,累计 1798 个。② 截至 2019 年 3 月,"上海学习网"在线课程达 3 万门,创建学习团队 3600 多个,网上点击量突破 2.3 亿次,注册人数达到 443 万。③

(七)改革基础教育考试招生制度

1. 改革政策出台情况

根据中共中央、国务院相关政策文件精神,上海市逐年出台义务教育阶段学校招生入学工作实施意见,有序推进义务教育招生入学工作;探索高中阶段分类考试招生模式,发布《上海市进一步推进高中阶段学校考试招生制度改革实施意见》,明确提出到 2022 年的改革目标。2019 年出台《上海市初中学业水平考试实施办法》和《上海市初中学生综合素质评价实施办法》。印发《上海市初中道德与法治、历史学科日常考试指导意见》,推进中考命题改革工作,研制相关学科评价指南和教学指导意见。④

2. 改革举措落实情况

优化义务教育阶段招生入学机制,提升义务教育均衡发展水平。2015 年起,上海市逐步实现数据共享下的一站式招生信息化服务,启动和完善义务教育

---

① 上海学习网.网站介绍[EB/OL].(2016 - 01 - 01)[2019 - 12 - 20].https://www.shlll.net/home/intro.

② 上海市教育委员会.2016 年上海市教育工作年报[EB/OL].(2017 - 04 - 06)[2019 - 04 - 20]. http://edu.sh.gov.cn/xxgk_qtgz_jygznb/20200514/0015-gw_9042017001.html.

③ 教师博雅.上海开放大学召开第一次教职工代表大会暨第一次工会会员代表大会[EB/OL]. (2019 - 10 - 26)[2019 - 12 - 20].https://www.sohu.com/a/304419424_372526.

④ 上海市教育委员会.2019 年上海市教育工作年报[EB/OL].(2020 - 04 - 23)[2020 - 04 - 27]. http://edu.sh.gov.cn/xxgk_qtgz_jygznb/20200514/0015-gw_9042020001.html.

入学报名系统。2016—2019年间,有序完成义务教育学校招生工作。进一步完善随迁子女就读义务教育招生入学机制,全面试行本市户籍人户分离人员子女居住地登记入学。坚持"免试就近入学"原则,切实保障适龄儿童、少年接受教育的基本权利,实现"100％的公办小学、初中划片(或对口)免试就近入学,每所小学的生源基本由就近入学方式确定,每所初中95％以上生源由就近入学方式确定"的目标。加强民办学校招生过程监管,严格实行"三统一、两限定、两公开、三承诺",引导家长理性择校。推行公民同招,逐步扩大就近入学招生范围和招生计划,全面取消各类特长生招生。2019年,民办学校招生开始纳入审批地统一管理,与公办学校同步招生,该年平稳完成年度义务教育招生,共有33.15万名适龄儿童和少年进入小学、初中就学,比上年增加1万名。其中,小学新生18.63万名、初中新生13.52万名。

推进高中阶段考试招生改革。一方面,健全初中综合素质评价制度、实施办法以及道德与法治、历史学科日常考核办法;研制本市初中学业水平考试实施办法;开发初中学生综合素质评价管理系统;开展初中学业水平考试命题研究;研制出台初中外语听说测试标准化考场的建设标准,启动初中理科实验室考场建设标准研究;推进初中外语听说测试标准化考场建设,组织开展初中理科标准化实验考场建设标准研制和论证咨询。[1] 开展普通高中学生综合素质评价信息采集工作,完成高三学生综合素质评价信息推送使用工作,2019年建成上海市初中学生综合素质评价信息管理系统,完成2018学年入学初中学生综合素质评价相关信息录入。[2] 另一方面,探索将高中阶段招生分为自主招生、名额分配综合评价录取和统一招生录取三种招生办法,为学生提供多次选择机会。

（八）改革高等学校考试招生制度

1. 改革政策出台情况

上海市制定印发《上海市深化高等学校考试招生综合改革实施方案》和《关于进一步深化本市高考综合改革试点工作的若干意见》,试点推进高等教育考试招生制度改革;出台《上海市普通高中学生综合素质评价实施办法》,明确规定综

---

① 上海市教育委员会.2019年上海市教育工作年报[EB/OL].(2020-04-23)[2020-04-27]. http://edu.sh.gov.cn/xxgk_qtgz_jygznb/20200514/0015-gw_9042020001.html.

② 上海市教育委员会.2019年上海市教育工作年报[EB/OL].(2020-04-23)[2020-04-27]. http://edu.sh.gov.cn/xxgk_qtgz_jygznb/20200514/0015-gw_9042020001.html.

合素质评价要突出学生思想政治素质和道德品质,客观记录学生的成长过程,整体反映学生德智体美全面发展情况和个性特长;出台《上海市普通高中学业水平考试实施办法(试行)》,提出区分合格性考试和等级性考试,并为每一科目按不同的测试标准设计多种层次类型的试卷,以实现学业水平考试和高考科目考试两者在测试功能上的分工和互补,用多元标准引导学生个性发展。

2. 改革举措落实情况

根据国务院《关于深化考试招生制度改革的实施意见》文件精神,上海市于2014年9月制定公布《上海市深化高等学校考试招生综合改革实施方案》,作为全国试点省份,率先以"分类考试、综合评价、多元录取、程序透明"为目标推进高考综合改革。五年来,上海市各项改革配套制度相继建立,考试招生制度改革稳步有序推进。新方案下首批高中学生已于2017年夏季完成高考。其间,上海市所积累的宝贵改革经验,成为其他省份推进高考改革的重要参考和借鉴。

(1) 推进高考改革,实施统一高考"3+3"选考与综合评价多元录取相结合

出台《深化高等学校考试招生综合改革实施方案》,取消文理分科的"套餐制",改为"3+3"自主选考模式,充分体现对不同学生多样化的个性特征和能力差异的尊重及支持。以往文理二分的考试科目设置,人为地造成了各基础学科之间的对立,不利于学生知识结构的全面发展,同时也压抑了学生差异化个性的独立表达。而新时期我国的人才培养逐渐呈现出研究型学科跨领域交叉和技术应用型学科独立分化两个不同方向的明显特征。因此,针对不同学生在各自的兴趣、才能以及专业志向上的差异,建立一个科目组合灵活、考试层次多样的综合测试平台,为每个学生提供与其能力水平相近、相匹配的考核方式,是我国高考制度设计的一大进步。改革后的上海市秋季高考考试科目,由必考科目和选考科目两部分组成。其中,语文、数学、外语为必考科目,每门满分150分;思想政治、历史、地理、物理、化学、生命科学六门为选考科目,由考生根据报考高校招生要求和自身兴趣特长自主选择三门作为高考选考科目(即"6选3",共20种组合)。2017年,全市共设19个考区、99个考点、约2000个国家教育考试标准化考场,总计约5万名考生参加了新方案下的统一高考。

与此同时,为破除以往单一化考试评价模式带来的"分数至上"和"一考定终身"的弊端,上海市积极探索建立高中学生综合素质评价制度,出台《上海市普通高中学生综合素质评价实施办法》。通过引入对学生感性思维能力、社会

生存能力等非智力因素的考察,提高其在高校招生录取中所发挥的参考作用,以逐步打破"唯分数论"的消极影响,贯彻凸显多元评价模式下的人才培养新理念。其内容主要包括:学生思想品德发展状况、中华优秀传统文化素养、修习课程及其学业成绩、创新精神与实践能力、身心健康信息、兴趣爱好与个人特长等。2016年,复旦大学、上海交通大学、同济大学、华东师范大学率先公布普通高中学生综合素质评价信息具体使用办法,其余在沪高校参照4所高校模式陆续提出本校的使用方案。历时三年,《上海市普通高中学生综合素质纪实报告》已覆盖全部学生,并率先在高校自主招生、综合评价录取改革试点等招录环节参考使用。

(2) 建立健全高中阶段学业水平考试制度

进一步明确选拔性考试与等级性考试的不同功能定位。出台《上海市普通高中学业水平考试实施办法》,区分合格性考试(13门科目)和等级性考试(6门科目),并为每一科目按不同的测试标准设计多种层次类型的试卷,规定:对于非高考选考科目,学生只需要完成合格性考试,而对于"6选3"中选定的考试科目,学生需要先参加该科目的合格性考试,并在考试合格的前提下再参加等级性考试。此项改革有利于实现学业水平考试和高考科目考试两者在测试功能上的分工和互补,以多元标准引导学生个性发展。此外,为做好改革相关配套建设工作,上海市积极统筹研究、推进考试命题改革,于2016年成立上海市教育考试命题和评价指导委员会,遴选23名专家为第一届委员;同年,制定颁布《本市中小学数学等7门学科课程标准调整意见》;全面建成全市81个考点225个外语听说测试标准化考场,2017年1月高中学业水平考试外语听说测试时正式投入使用。

(3) 改革招生录取机制,探索构建学生与高校间双向选择的新路径

通过规范高校自主招生、改革春季高考等,建立多层次、多样化、双向选择的招生录取机制。

一是组织高校开展自主招生工作。在自主命题的有效性、公平性,以及面试专家库建设等方面加大投入力度,制定实施稳妥可行的检测方案,从严控制优惠分值,严格依据"宁缺毋滥"原则开展自主招生录取工作。自主招生作为对秋季高考招生录取模式的补充,有助于不同高校依照不同的选录标准,招录到本校偏爱的、有某学科专长或具备某方面特质的学生,并开展针对性的人才培养工作。

二是改革春季考试内容和形式。在教育部支持下,上海市从 2015 年开始启动实施春季高考改革,首次允许高中应届毕业生参加春考,探索一名考生可同时被 2 所院校录取的途径,并把对考生应用技能有特殊要求的本科专业纳入春季高考范围,使其成为高校特色专业开展招生录取的重要渠道。在稳妥的组织与实施下,2017 年、2018 年上海市普通高校春季招生统一考试顺利实现既定目标。

三是探索秋季高考双向选择的招生录取机制。一方面组织在沪招生高校按照"三年早知道"原则提出选考科目要求;另一方面改革原先的"院校志愿"为新的"专业组"志愿投档模式,即把招生要求科目相同的专业组合在一起,"打包出售"给考生选择,高校按"专业组"志愿进行招生录取,并在专业组之间调整计划,以给予高校和学生更多的双向选择机会,提高高等教育人才选拔的科学性、准确性和公平性。从录取结果看,当前学生高考志愿填报的有效性大大提高,高校投档满足率和考生志愿满足率大幅提升,改革取得预期成效。

(九) 改革职业教育考试招生制度

1. 改革政策出台情况

《上海现代职业教育体系建设规划(2015—2030 年)》将完善"文化素质＋职业技能"招生录取制度作为重点改革任务之一,"鼓励高职专科院校把特色专业招生和主要招生计划安排在统一高考之前,作为高职专科院校招生的主渠道"。2015—2019 年陆续出台《上海市普通高等学校面向中等职业学校应届毕业生考试招生实施办法》。研究制定《上海市中等职业学校学生学业水平评价实施办法》《上海市中等职业学校学生综合素质评价实施办法》等专门文件,对评价内容、方式、组织和实施、评价结果应用等做出明确规定,推进职业教育考试和招生制度逐步完善。出台《上海市中等职业学校学生学籍管理实施办法》,切实加强上海市中等职业学校学生学籍管理,保证学校正常的教育教学秩序,维护学生的合法权益,为推进中等职业教育持续健康发展提供制度保障。

2. 改革举措落实情况

上海市职业教育考试招生制度的改革,主要围绕考试评价、招生录取两个关键领域展开。

（1）推进中职学生学业水平评价制度和综合素质评价体系

2016 年,颁布学业水平公共基础课程考试实施意见,进行首次全市中职学生学业水平考试。建立统一的综合素质评价信息管理系统,完成首批中职学生综合素质评价工作。出台《上海市中等职业学校学生学业水平评价实施办法》,考试内容包括语文、数学、英语和信息技术 4 门公共基础课,以及专业技能学习成果记录。其中,专业技能重点考查学生在校学习期间获得的与专业技能学习相关的职业资格证书、技能竞赛获奖证书及其他证书等。中等职业教育学业水平评价制度,针对中等职业教育阶段的升学通道做出制度安排,从普通高中和中等职业教育两个平行学段同时构建起学业水平考试评价制度,打通中等职业教育学生升学和成才通道。新评价制度从 2015 年新入学的中职一年级学生开始实施。公布《上海市中等职业学校学生综合素质评价实施办法》,考虑到对相同年龄段学生的共性要求,中职综合素质评价与普通高中综合素质评价在基本内容上保持一致,同时针对中职的教学特点专门记录专业技能与职业素养。该制度也同样从 2015 年新入学的中职一年级学生开始实施。

（2）完善"文化素质＋职业技能"招生录取制度

2015 年起,上海市强化专科高职院校分类招生导向,鼓励专科高职院校把特色专业招生和主要招生计划作为招生主渠道,并安排在统一高考之前。2018 年,上海市首次对应届中职校考生采用文化素质测试与职业技能测试成绩相结合的办法进行录取;在高职阶段,开展中高职贯通专业点和中本贯通专业点招生工作,深化应用本科专业招收"三校生"考试模式改革;将高职特色专业招生计划安排在专科层次依法自主招生中,进一步提升高职高专基于职业能力考试招生的吸引力。

二、教师发展

教师作为影响各级各类学校发展的重要群体,在形成促进学生健康成长和终身发展的育人制度体系中起着关键作用。《方案》确定了探索公办学校干部管理制度改革、创新学校人事管理制度、建立具有激励功能的教师收入分配制度的重点任务。具体的改革项目集中于教师人事管理、收入分配、队伍建设三个方面。2014 年以来,上海市在教师发展改革方面出台了一系列政策文件,推动落实各项改革措施。教师分类考核评价制度等学校人事管理制度日益完善,教师收入分配制度不断改进,并建立了系统的教师专业发展制度。

(一) 创新学校人事管理制度

1. 改革政策出台情况

上海市通过制定各级各类教育发展的整体规划和管理办法,为学校人事管理制度改革提供方向和指引。同时出台完善人事管理体制机制的政策,将其作为推进教师队伍建设改革的重要抓手。

在基础教育领域,深化中小学教师职称制度改革是教育综合改革的重要内容。《关于全面深化新时代教师队伍建设改革的实施意见》提出:深化中小学校长职级制度改革,动态调整特级校长、特级教师评聘比例,促进特级校长、特级教师流动。《上海市中小学教师职务评审条件(试行)》重点围绕统一职称系列、完善评价标准、创新评价机制、实现与事业单位岗位聘用制度的有效衔接等方面,积极做好中小学教师职称职务评聘制度改革,进一步加强新时代教师队伍建设,优化基础教育教师资源配置,完善中小学教师职称职务评聘制度,培养选拔高素质教师队伍。

在职业教育领域,制定《上海现代职业教育体系建设规划(2015—2030 年)》《上海市人民政府关于加快发展现代职业教育的决定》等文件,促进职业教育教师发展。出台《上海职业教育高质量发展行动计划(2019—2022 年)》,深化职业教育教师职称职务评聘制度改革,积极探索中等职业院校教师职称职务评聘制度衔接并轨,更加突出对教师实践能力的评价;合理确定中等和高等职业院校教师岗位结构比例,建立岗位动态调整机制。

在高等教育领域,制定《上海高等教育布局结构与发展规划(2015—2030 年)》《关于推进一流大学一流学科建设共建驻沪教育部直属高校并支持上海地方高校改革发展的协议》《关于本市统筹推进一流大学和一流学科建设实施意见》《上海高校高峰高原学科建设管理办法》等文件,在国家"双一流"建设背景下,结合上海市高峰高原计划,为高等教育教师发展提供指引。出台《上海市深化高校改革建设高水平地方高校试点方案》,提出围绕人事管理制度改革着重落实和扩大高校办学自主权,鼓励高校构建富有激励功能的教师人事管理制度。制定《上海市教育委员会关于试行市属高校教师分类考核评价制度的指导意见》等文件,根据学科和教师岗位不同进行分类管理。

2. 改革举措落实情况

上海市在完善教师配置标准、改革教师评聘机制、落实教师分类管理等方面推进人事管理制度改革。

(1) 完善教师配置标准

上海市进一步完善中小学(幼儿园)教师配置标准和编制管理政策,根据城市建设、人口流动等实际情况,加强市级统筹,建立人口导入区和导出区学校事业编制统筹管理机制。还通过拓宽教师来源渠道改善教师配置状况。支持师范类院校扩大师范生培养规模、优化结构,支持综合性大学开办高层次教师教育学院,加大对优秀中小学教师的定向培养力度。

(2) 改革教师评聘机制

推进高校在编制限额内自主引进人才,职称不作为人才计划申报的限制性条件。支持部分高校实行"非升即走"或"非升即转"用人机制。推动地方高水平大学长聘教职制度改革和合同制科研队伍建设改革。目前很多高校已经完成教师岗位聘任制改革,建立了薪酬分配、评价考核、职务晋升等激励制度,取得显著成效。推进教师资格考试和职务评聘制度改革,设立中小学正高级教师职务,其中中小学教师职务制度改革首批试点就有 11 名教师获正高级任职资格。上海市积极探索干部管理制度改革,制定校长专业标准,规范校长选拔任用,进一步完善中小学校长职级制度。部分区在试行校长准入制度、探索多样化校长选拔任用方面颇有成效。

(3) 落实教师分类管理

在制定各级各类教育发展的整体规划和办学管理办法的基础上,各级各类教育主体全面推进和落实以分类管理为主的多元化人事管理制度。市属高校对教师实施分类考核评价,推动高校对处于不同职业发展阶段、不同发展平台的教师进行分类考核。明确以能力、业绩、贡献为主要标准的考核评价导向,逐步形成覆盖高校教师入职、聘任、晋升、奖惩等全过程的分类考核评价体系,形成高校教师各安其位、各尽其能、各展其长、各得其所的激励机制,促进高校教师在人才培养、科学研究、社会服务和文化传承创新等方面做出更大的贡献。

(二) 推进教师收入分配制度改革

1. 改革政策出台情况

上海市出台了一系列旨在提高教师整体薪资、促进公平的收入分配制度,同时规范各类人群的收入分配机制。中共上海市委、上海市人民政府联合印发的《关于全面深化新时代教师队伍建设改革的实施意见》中,明确提出要提高教师的地位和待遇,建立健全教师工资收入保障机制,建立适应本市教育行业特点的薪酬制度。深入开展上海市教育功臣等评选表彰活动,建立健全教师荣誉体系。关注教师身心健康,保障教师合法权益,维护师道尊严,营造全社会尊师重教的良好氛围。出台《上海市教育委员会关于完善市属公办高校专业技术人员校外兼职和在岗离岗创业工作的指导意见》《关于建设上海高水平地方高校创新团队收入分配机制的试行意见》等文件,构建科学合理的教师收入分配机制。陆续出台多项具有激励功能的收入增长制度和激励计划。2015 年,上海市人民政府办公厅印发《上海市〈乡村教师支持计划(2015—2020 年)〉实施办法》。2016 年上海实施乡村教师支持计划,促进管理部门在绩效工资分配中向乡村学校教师倾斜。2017 年出台《上海市教育委员会、上海市人力资源和社会保障局、上海市财政局关于进一步加强中小学绩效工资管理的指导意见》,推进各区稳妥落实中小学绩效工资增资工作。上海市也积极推进高校教师激励计划,2017 年出台《上海市教育委员会关于深入推进本科教学教师激励计划的指导意见》,指导各市属高校建立教学考核评价与激励办法,鼓励高校将激励计划资金分配与教师绩效考核结果挂钩,优绩优酬。

2. 改革举措落实情况

上海市在教师收入分配制度方面进行了深入探索,在增加投入的同时敢于打破常规,注重激励功能,推动落实各项改革措施。

(1) 完善绩效工资制度

通过制度设计规避不公平不合理的分配风险,发挥绩效工资制度的激励作用,实现优绩优酬。2014 年和 2015 年连续两年提高义务教育教师收入水平,2016 年率先在义务教育阶段建立教师收入增长新机制:一是以《中华人民共和国义务教育法》中"义务教育教师收入水平不低于当地公务员收入水平"的规定为底线;二是在上海试行事业单位行业分类调控绩效工资总量的政策框架下,考虑义务教育行业特点,对总体收入水平进行调整;三是按上海试行行业分类调控事业单位绩效工资总量办法,对义务教育教师收入建立相应增长新机制。遵循这三个思路,2016 年上海市义务教育学校收入水平基数在 2015 年实际收入水平的基础上增加 20%。目前上海市已全面实施事业单位行业分类调整绩效工资总量。高中学校收入水平与义务教育学校按一定的比例关系相应确定。高校绩效工资水平也有一定幅度的增长。

虽然上海市在全面实施事业单位行业分类调整绩效工资总量之后,义务教育学校、高中学校、高校的教师绩效工资水平都得到一定程度的增长,但是通过调研发现,上海市教师收入分配制度在增强激励功能和科学性方面还有待加强,须在建立科学的教师评价激励制度的基础上稳步推进。应该进一步注重对师德师风、教育教学、教育科研、社会服务等方面的综合评价,科学设置、合理优化高级教师岗位结构比例。

(2)实施激励计划和扶持政策

上海市实施对骨干优秀教师的激励计划以及对某些群体的扶持政策,成效显著。包括试点骨干教师教学激励计划,增加财政经费中的人员费比重,鼓励专业技术人员校外兼职,建立"年金制"等。目前很多学校已经建立了具有激励特点的教师薪酬体系,培养了一大批高素质教师。上海市推动实施乡村教师支持计划,促进郊区在绩效工资分配中向乡村学校教师倾斜,计划初期就惠及26307名教师。教师激励计划和扶持政策还须进一步细化,比如:逐步将优秀青年教师纳入各区人才公寓保障范围;在坚持优绩优酬分配原则的基础上,对一线教师、骨干教师、考核优秀的教师、长期在乡村学校任教的教师予以重点倾斜。

(三)完善教师专业发展制度

1.改革政策出台情况

针对健全教师培训体系、推进教师专业发展,上海市出台了各类政策举措。上海市出台《上海市"十三五"中小学、幼儿园、中等职业学校教师培训工作实施意见》,旨在加强教师在职教育的整体规划与资源统整,健全培训体系,完善培训制度,优化平台建设,创新培养模式,全面持续提升教师育人为本的教育境界和专业素养,建设一支具有坚定的理想信念、高尚的道德情操、深厚的仁爱情怀和扎实的学识功底、为学生一生成长和发展奠基的教师队伍。2017年,上海市启动研制《上海中等职业学校教师能力提升计划(2017—2020年)》,完成第二批新进教师规范化培训,颁布《上海市中等职业学校新进教师规范化培训实施意见(试行)》。[1]

---

① 上海市教育委员会.2017年上海市教育工作年报[EB/OL].(2018 - 03 - 26)[2019 - 06 - 20]. http://edu.sh.gov.cn/xxgk_qtgz_jygznb/20200514/0015-gw_9042018001.html.

上海市出台了针对优秀教师的培训计划和针对培育管理工作的管理办法，通过名师培训和管理带动全体教师专业素质的提升。《上海市中等职业教育名师培育工作室创建工作实施意见》《上海市中等职业教育名师培育工作室管理暂行办法》具体规定了对名师培育工作室的管理和引导。

2018年，中共上海市委、上海市人民政府联合印发《关于全面深化新时代教师队伍建设改革的实施意见》，涵盖教师培训、名师培训等促进教师专业发展的各项工作，将提升专业素质能力作为推进教师队伍建设改革的核心任务。在基础教育方面，重点把握好教师职前培养、教师准入、在职培养培训等关键环节，完善中小学(幼儿园)见习教师规范化培训制度，深化实施团队发展计划和"名师名校长培养工程"。在职业教育方面，构建职业教育教师能力标准，加强"双师型"教师队伍培养，鼓励职业院校设立大师工作室，聘请行业能工巧匠、管理精英等担任特聘教授或导师。在高等教育方面，深化实施高校新教师岗前培训制度、高校教师专业发展工程。推进终身教育系统教师专业发展。把教师信息化和国际化摆到重要位置。深入推进大中小幼教师信息技术应用能力提升工程，培养教师运用信息技术进行专业发展、教学创新和学生学习指导的意识和"人技协同"能力，提升信息安全意识和安全防范能力。积极开展教师教育国际合作交流，建立大中小幼教师国(境)外研学机制，积极推动教师出国(境)研学，支持各级各类学校开展教师教育国际交流合作。

2. 改革举措落实情况

上海市注重加强各级各类教育的师资全员、全过程培训和管理，强化教学激励，鼓励出国研修，重视信息技术能力提升，促进教师专业发展。目前已经初步建立了适应新时代教育内涵式发展新需求的教师研训一体化制度。

(1) 开展教师全员分层分类培训，建立研训一体化发展机制

在基础教育领域，上海市积极开展中小学校教师全员培训、"1+5"专项能力提升计划、研训一体专业发展机制建设、外籍人员子女学校伙伴研修等工作。[①] 针对见习教师、青年教师、骨干教师等不同群体都建立以提升教师专业能力为主的教师专业发展制度体系。组织见习教师基本功大赛，完善见习教师规范化培训制度，逐步建立教师研训一体的发展机制，完成义务教育全学科、全学

① 郭娜.上海教师地位待遇不断提高 全国教师工资排名位列19大行业中第7位[N].劳动报，2019 - 09 - 11.

段教师研训一体课程开发。

在职业教育领域,加强教师能力提升培训。推动职业教育师资培养由项目化培训向体系化培养转变,实现教师培养工作体系化。对接"1＋X"证书制度试点,培育一批职业技能等级证书培训教师。建立一批校企共建的教师培养培训基地和教师企业实践基地。强化中职、高职、应用型大学专业教师的企业实践制度,推动在职教师定期到企业实践锻炼。支持职业院校聘请"大国工匠""上海工匠"等高层次技术技能人才到学校任教,成立50个上海市职业教育技能大师工作室。建设优秀兼职教师资源库。

在高等教育领域,除开展高校新教师、专职辅导员岗前培训工作外(2019年根据需求改为一年两次),实施国外访学进修计划、国内访问学者计划、产学研践习计划、实验技术队伍建设等教师专业发展工程项目。2019年,上述建设工程计划分别有299人、101人、274人、61人入选。① 同时推进高层次人才计划、选拔以及国际化师资培养。推进辅导员队伍规范化建设,研究推进辅导员队伍职务评聘科学化,为辅导员队伍的职业化、专业化发展提供制度支撑。继续实施高校师资博士后制度和本科教学教师激励计划。

(2)完善教师全过程培训和管理,健全激励机制

上海市注重把好教师思想政治关、入口起步关、专业发展关、成才引导关,同时健全激励机制,全面提升教师专业素养和综合能力,取得了积极成效。比如在高等教育领域,已经形成覆盖高校教师职前培养、招聘录用、职初培训、专业发展、平台支撑、荣誉称号等全过程的生态链和培养体系。第一,大力加强师德师风建设,将师德师风作为评价教师素质的第一标准,推动师德建设长效化、制度化。强化师德教育,引导教师做充满爱心、品格优秀、业务精良、道德高尚、行为世范的教育工作者。第二,在把好教师入口起步关方面,建立健全新教师全员培训制度,帮助新入职教师在师德修养、教学实践、心理素养等方面得到提升。目前上海市的教师岗前培训已经覆盖了所有学段的教师。第三,严把专业发展观。加强职业理想教育,引导教师把教书育人作为毕生的事业追求,提升教师的人文素养,增强教师的育德意识和能力,以平等态度对待学生、以高尚情操熏陶学生、

---

① 上海市教育委员会.2019年上海市教育工作年[EB/OL].(2020－04－23)[2020－05－28].
http://edu.sh.gov.cn/xxgk_qtgz_jygznb/20200514/0015-gw_9042020001.html.

以人格魅力感染学生,做学生的良师益友,自觉担负起培育人才的神圣职责。第四,完善师德规范,健全激励机制,不断增强教师的责任感和使命感,设立"上海市白玉兰教师"荣誉称号,表彰在教书育人过程中辛勤耕耘、为人师表、关爱学生、无私奉献的杰出教师。2017 年,开展特级教师评选表彰工作,评选出本市第 13 批 109 名上海市特级教师,举办特级教师研修班。实施新一轮特级教师流动工作,派出 30 名特级教师到乡村学校全职支教 3 年。

(3)加强教师出国研修,实施信息技术能力提升工程

全面支持教师出国研修。支持中小学校开展形式多样的师生国际交流与合作,每年安排一定的因公出国(境)经费,用于义务教育阶段教师出国(境)研修,如 2019 年选派 17 名校长和教师赴英国研修。继续推进职业院校教师境外培训工作,鼓励教师考取国际通行的职业资格证书和技能水平证书。深入实施高校教师国外访学进修计划等工程项目。

实施中小学教师信息技术应用能力提升工程,采取"试点先行、全面推广"的方式,以网络化学习工具或学习空间的有效应用为培训抓手,以线上线下学习活动的设计、实施、评价及指导为培训内容,通过实践应用案例分析的方式,帮助教师掌握利用本校信息化应用环境和社会性的优质信息化学习工具开展学生学习分析与指导的策略、方法的培训,尤其关注数据采集和分析的工具使用和方法指导,提升全体教师运用学习工具和学习数据开展课堂教学和学习指导的能力。2019 年启动中小学教师信息技术应用能力提升工程 2.0。

三、治理能力

《方案》提出了教育治理体系和治理能力现代化的总体目标,"以依法推进教育治理体系和治理能力现代化为主线,深化教育领域综合改革",并且在重点任务中将"提升政府教育治理能力"列为首要任务,此项任务下含建立基于战略规划的市级统筹机制、建立健全高校分类管理体系、加强在沪高校共建共管、探索公办学校干部管理制度改革、创新学校人事管理制度、建立多元参与教育督导评价机制等 10 项具体改革任务。[①]

---

① 上海市教育综合改革专家咨询委员会秘书处.为教育改革探路　为教育现代化助力(上海市教育综合改革发展报告 2014—2017)[M].上海:上海人民出版社,2017:11.

2014 年以来,上海市积极转变政府职能,优化政府教育治理机制,并将其作为综合改革的前提和基础。强化顶层设计、注重规划引领,大力构建基于战略规划的市级统筹机制,出台了一系列政策规划,推动落实各项改革措施。全面推进依法治教,建立政府、学校、社会、市场之间的新型关系,为上海率先实现教育现代化注入新的活力。市委、市政府和有关部门颁发了数十项政策文件,涉及教育发展规划、地方性法规和配套政策、分类管理、学校办学、教育经费管理等方面,系统科学、配套有力,切实保障教育治理改革顺利推进。根据规划和相关政策文件,上海市对政府治理、学校办学和多元评价进行深入改革,各项改革举措推进有力,实施效果较为显著。通过建立基于战略规划的市级统筹机制、高校分类管理、落实和扩大学校办学自主权,提升政府教育治理能力;通过完善现代大学内部治理结构、优化多元主体参与的中小学校治理结构,提升学校治校能力;通过建立多元参与教育督导评价机制,提升教育治理水平。

同时,教育治理能力还面临着一些新的挑战。比如:跨部门大综合统筹机制还没有建立,在财政投入管理方式、人事薪酬管理、干部激励机制等具体政策衔接和协同配套上与基层改革需求尚有差距;市区之间、政府和学校之间,以及学校内部存在"温差"——"上热、中温、下冷";改革动力呈现逐级递减,一些重大改革举措"下沉"进展不够快,"最后一公里"问题比较突出;政府、学校、社会三者之间权责关系尚未完全理顺,科学的"管办评"机制尚待建立;[①]等等。

(一)建立基于战略规划的市级统筹机制

1. 改革政策出台情况

上海市积极应对新的挑战,面向全球、面向未来,描绘教育发展图景,系统勾画上海教育现代化的战略愿景,出台《上海教育现代化 2035》和《上海市面向2020 年加快推进教育现代化实施方案》。编制面向长远的战略规划,充分考虑人口变化趋势、经济社会发展和行业产业人才需求等因素,对照国家战略和上海建设"五个中心"[②]的要求,出台了《上海高等教育布局结构与发展规划(2015—2030 年)》《上海现代职业教育体系建设规划(2015—2030 年)》等长期规划,为政

---

① 上海市教育综合改革专家咨询委员会秘书处.为教育改革探路 为教育现代化助力(上海市教育综合改革发展报告 2014—2017)[M].上海:上海人民出版社,2017:63.
② "五个中心"是指国际经济、金融、贸易、航运和科技创新中心。

府中长期开展教育治理提供依据。为率先实现教育现代化,办好人民群众满意的教育,服务国家战略需求,支撑上海"五个中心"和社会主义现代化国际大都市建设,出台《上海市教育改革和发展"十三五"规划》及专项规划《上海市高等教育改革和发展"十三五"规划》《上海市职业教育改革和发展"十三五"规划》《上海市基础教育改革和发展"十三五"规划》《上海市终身教育发展"十三五"规划》等,提升政府统筹发展各级各类教育的治理能力。

对于教育发展中出现的重点、难点问题,上海市探索制定出台具有针对性的专门规划和政策,不断完善市级统筹机制。例如,编制《上海高等学校学科发展与优化布局规划(2014—2020 年)》,提出上海高校高峰学科和高原学科建设计划,政府在学科投入机制、人才队伍建设机制、学科评价机制上予以保障。印发《上海市统筹推进世界一流大学和一流学科建设实施意见》,立足上海区位优势,服务国家战略,探索建设具有中国特色、世界水平的一流大学和一流学科,实现高等教育内涵式发展,为上海建设卓越的全球城市和社会主义现代化国际大都市提供有力支撑。

加强政策配套保障。2018 年,上海市出台我国第一部促进高等教育改革发展的地方性法规《上海市高等教育促进条例》(以下简称《条例》),保障规划顺利实施。《条例》规定:"市人民政府应当加强对本市高等教育事业的统筹管理,将高等教育事业发展纳入国民经济和社会发展规划,深化高等教育综合改革,保障高等教育财政经费投入,构建高等学校分类发展体系,优化高等教育布局结构和资源配置,实现本市高等教育事业持续健康发展。本市建立高等教育改革发展议事协调机制,审议高等教育改革发展的重大方针和政策,协调解决高等教育发展中的重大问题和重大事项。"[①]《条例》明确规定市政府有关部门应当严格执行本市高等教育发展规划,将规划作为高校设置调整、资源配置、基本建设和条件保障的依据,等等。

2. 改革举措落实情况

(1) 市级统筹机制不断完善

建立基于战略规划的市级统筹机制的核心在于建立完善政府部门间的协同

---

① 上海市人民代表大会.上海市高等教育促进条例[EB/OL].(2018 - 03 - 13)[2019 - 12 - 15].http://www.spcsc.sh.cn/n1939/n2440/n4597/u1ai169626.html.

机制,增强政府宏观管理和公共服务能力。上海市以规划为引领,统筹安排全市教育投入、高效配置教育资源、科学实施绩效评价。加强政府各部门之间的政策衔接和统筹协同机制,优化市、区两级政府教育管理职责。加强在沪高校共建共管,建立部市共建协商平台,促进地方高校与在沪部属高校联动发展。坚持"精简、统一、效能"原则,推动简政放权,建立教育行政权力清单和责任清单制度,加强信息公开和社会监督。

综合改革以来,上海市通过建立完善基于战略规划的市级统筹机制,对各级各类教育的系统规划持续加强,颁布了教育发展规划、地方性法规和配套政策数十项,涵盖学前教育、基础教育、高等教育、民办教育和终身教育各个阶段各个类别,系统科学、配套有力,促进了各级各类教育的齐头并进、蓬勃发展。

(2) 市级教育统筹能力增强

编制面向 2030 年的高校布局规划、现代职业教育体系规划和学科发展规划,形成相应的经费投入、资源配置和分类评价方式。制定高等教育、基础教育和职业教育等发展规划,加强对各级各类教育的系统规划和结构优化布局。依托部市共建机制,加大对在沪 8 所部属高校创办世界一流和世界知名高水平大学的支持力度,确保省级层面统筹力量"抓大事"。制定高峰高原学科建设、一流大学和一流学科建设政策,带动引领高等教育领域教育质量整体提升。

(3) 推进教育"管办评"分离改革

形成"1+2+5+5"的推进布局,市级层面统筹推进,委托国家教育发展研究中心和华东师范大学的 2 个研究团队,同步开展教育"管办评"分离的理论研究。委托 5 所不同类别的高校,重点开展政府与大学的关系探索、学校治理机制完善、开放协同的办学机制构建等方面的研究。5 个区教育部门,探索进一步转变政府管理方式、促进教育公平发展、提升办学质量、鼓励社会参与的实践路径。

(二) 建立高校分类管理与评价体系

1. 改革政策出台情况

《上海高等教育布局结构与发展规划(2015—2030 年)》将高校分类管理作为重要任务,建立高校分类管理体系。制定全国首部地方性高等教育法规——《上海市高等教育促进条例》,以法律法规明确高校分类体系,按人才培养主体功能和承担科学研究类型划分学术研究型、应用研究型、应用技术型和应用技能型四种类型,按学科专业设置和建设划分综合性、多科性、特色性三种类型,形成"十二宫格"高校分类体系。研究出台《关于深入推进上海高校分类管理评价促进高等教育内涵式发展的指导意见》,固化上海市高校分类评价研究成果,初步建立高校分类管理评价的制度框架。上海市还出台了《上海市人民政府关于促进民办教育健康发展的实施意见》和《上海市民办学校分类许可登记管理办法》等文件,推进分类管理经验在其他教育领域的推广。

2. 改革举措落实情况

2015年4月,上海首次公布高等学校"3×4"宫格二维分类规划目标。遵循高校分类管理、分类发展思路,引导高校立足校情实际,形成各具特色的发展道路。

（1）持续推进高校"双一流"建设

按照国家和上海市"双一流"建设部署,指导高校加快落实各项任务,带动提升上海高等教育改革发展整体水平。持续深化高水平地方高校建设,指导相关高校推进高水平地方高校建设。2019年,完成上海大学、上海中医药大学高水平地方高校建设中期评估,启动复旦大学上海医学院、上海师范大学、上海海事大学、华东政法大学、上海戏剧学院等高校开展高水平地方高校试点建设,出台《关于推进高校分类发展实施高水平地方应用型高校试点建设方案》,并支持上海电力大学、上海工程技术大学、上海应用技术大学、上海立信会计金融学院4所应用型高校开展高水平应用型高校试点建设。大力推进高峰高原学科建设,通过高峰学科建设服务支撑上海科创中心建设,优化上海高校学科布局;同时,加强高峰高原学科过程管理,组织30所高校115个高峰高原学科开展2018年度建设进展报告编制工作,开展"跨学科建设,提升高校科技创新力"研究,强化跟踪监测。[①]

（2）持续开展高校分类管理

2018年、2019年,上海连续开展高校分类评价并加大结果运用,导向作用凸显。建立完善高校分类发展和分类管理体系,并建立与之相配套的资源配置机制。确立高校"二维"分类坐标,引导高校自主明确发展定位,鼓励高校找准服务

---

① 上海市教育委员会.2019年上海市教育工作年报［EB/OL］.（2020 - 04 - 23）［2020 - 04 - 27］. http://edu.sh.gov.cn/xxgk_qtgz_jygznb/20200514/0015-gw_9042020001.html.

面向的领域和行业,重点引导并鼓励一批市属本科高校向应用型转变。完善高校分类评价机制。组织开展本市 61 所高校分类评价测试。另一方面,推进高校分类评价结果运用。研制与分类评价结果挂钩的具体操作方案,推动分类评价结果在高水平建设高校遴选、内涵建设经费分配、绩效工资分配动态调整、高校党政负责干部选拔调整和绩效考核等方面的运用。[①]

通过实施分类管理、分类评价,高校形成了分类发展的理念。学术研究型、应用研究型、应用技术型、应用技能型等不同类型高校,探索适应自身特点的发展模式。例如,上海理工大学确立了建设"特色显著的国内一流理工科大学"的愿景,聚焦"人才强校""精品本科""一流学科"和"系统创新"四个领域,提出 13 项有针对性、有路线图、有时间表、有任务书的重大改革攻坚任务。又如,上海戏剧学院确立了"建设国内一流、世界领先的艺术大学"的目标,结合自身体量小而精的特点,加大校级层面统筹力度,实施"扁平化"改革。

(3) 探索民办教育分类管理

上海市基本完成了民办学校分类选择工作,健全完善非营利性与营利性民办学校分类管理举措,推进民办学校分类选择工作,编制《民办学校新法新政文件汇编》。根据政策要求,选择非营利性的民办高校应在 2019 年 12 月 31 日前完成过渡,选择营利性的民办高校应在 2021 年 12 月 31 日前完成过渡。目前,上海市选择非营利性的民办高校已经完成过渡工作,营利性民办高校的过渡工作也在有序推进中。

(三) 落实和扩大学校办学自主权

1. 改革政策出台情况

上海市出台《上海市深化高校改革建设高水平地方高校试点方案》《上海市中等职业学校专业设置管理实施细则》《上海市普通高等学校本科专业设置管理实施细则》《上海市民办学校分类许可登记管理办法》等文件,落实和扩大各级各类学校办学自主权。《上海高等教育促进条例》从保障学校权利和推进政府简政放权两个方面规定了包括人员编制、职称评聘、收入分配等多项具体措施。此外,在支持学生创新创业、科研成果转化、资产处置等方面,也赋予高校相应的自

---

① 上海市教育委员会.2018 年上海市教育工作年报[EB/OL].(2019 – 04 – 05)[2019 – 07 – 09]. http://edu.sh.gov.cn/xxgk_qtgz_jygznb/20200514/0015-gw_9042019001.html.

主权。探索制定上海市中小学校相关工作条例,明确政府、学校和社会的责权利,保障学校在课程教学、教师评聘、学生管理等方面的自主权,激发办学活力,使每一所家门口学校都有特色、有亮点。在落实和扩大学校办学自主权的同时,推进各级各类学校依法治校,印发《上海市教育委员会关于开展本市依法治校(2016—2020 年)创建工作的通知》《上海市教育委员会关于进一步做好本市依法治校(2016—2020 年)创建工作的通知》。

2. 改革举措落实情况

(1) 加大教育行政审批制度改革

市级教育行政审批项目由 2003 年的 57 项缩减至 2015 年的 18 项,取消中小学课程教材编写(保留课程教材审定职责)、国际教育展览举办、留学中介服务机构设立等审批项目。实施教育行政审批项目"六位一体"标准化管理,通过发布审批目录、公布办事指南、优化业务流程、实施网上审批、实现数据共享、开展电子监察等环节,优化审批流程,缩短审批周期。[①] 探索负面清单管理模式,编制权力清单,形成负面清单。

(2) 进一步落实和扩大高校办学自主权

高校基本办学经费统筹使用自主权、专业设置自主权等办学自主权得到进一步落实和扩大。学校统筹与自主安排的经常性经费总量、人才培养和引进的投入比例大幅提高,地方公办高校能够在绩效工资总量内自主确定绩效工资分配方案。实施高等教育投入机制改革,高校经常性经费与专项经费投入比例由此前的 3∶7 调整为近 7∶3;允许市属高校在核定的比例范围内自主设立(选聘)高级专业技术职务岗位;支持全市所有高校在国家专业目录范围内自主调整专业,在不增加授权学科总量的前提下,自主开展学位授权学科动态调整。

(3) 不断推进学校依法自主办学

上海市推进市属公办高校章程核准,开展全市中小学章程建设督查,2015年底全面实现"一校一章程"。启动《上海市中小学校工作条例》立法研究,以立法形式落实和保障学校自主权。规范民办教育培训市场秩序,出台规范校外培训机构"一标准两办法"。为推进学校依法治校,2017 年上海市开展了依法治校

---

① 上海市教育委员会.上海积极推进教育管理体制改革[EB/OL].(2015 - 07 - 09)[2019 - 12 - 01].http://www.moe.gov.cn/jyb_xwfb/s6192/s222/moe_1740/201507/t20150709_193124.html.

创建工作,2019 年上海市教委公布了第一批依法治校示范校(2016—2020 年)和依法治校标准校(2016—2020 年)名单。其中,有 11 所高校、268 所中小学校和幼儿园被认定为第一批依法治校示范校;有 2 所高校、394 所中小学校和幼儿园被认定为第一批依法治校标准校。[①]

(四) 完善现代大学内部治理结构

1. 改革政策出台情况

上海市出台《上海市教委关于实施现代大学制度建设首批试点的通知》等文件,进一步完善现代大学内部治理结构。开展现代大学制度建设试点,选取上海大学等 7 所高校开展现代大学制度建设试点。加强大学章程建设,加快研制《推进现代大学制度建设指导意见》《多元主体参与决策的校务委员会制度实施办法》等文件,不断优化现代大学内部治理结构。

2. 改革举措落实情况

(1) 完善大学内部治理

围绕"依法办学、自主管理、民主监督、社会参与"的现代学校建设总体要求,完善现代大学内部治理结构。推动市属高校制定章程。强化依章办学,推动章程从字面落到地面。通过章程,明确政府与学校之间的权责,明确内部治理结构和运行机制。探索建立多元主体参与的高校治理模式,不断完善校务委员会、学术委员会、校董会、教职工代表大会等制度,完善内控机制,完善学校治理结构,提升决策科学性,健全社会支持和监督学校的体制机制。

(2) 推动二级学院改革

开展大部制等形式的二级学院改革,推动院系真正成为教学科研主体,激发院系办学活力。比如上海交通大学作为全国第三所由国家教改领导小组批准实施综合改革方案的高校,明确提出要"建立以制度激励为核心的现代大学治理体系,探索出一条以部市协同为支撑的部属高校自主发展道路",聚焦"1+3+1+1"改革重点,即完善一项根本制度(现代大学制度),深化三项关键领域(人才培养模式、人事制度和科研体制)的改革,拓展国际化办学优势,推进资源配置模式改革,实现从"校办院"到"院为实体"的转变。

---

① 上海教育.上海创建 54 所教育信息化应用标杆学校,为每位学生创造最适合的教育[EB/OL].(2019 - 10 - 10)[2020 - 03 - 21].https://www.sohu.com/a/346035601_391459.

（五）优化中小学管理体制

1. 改革政策出台情况

2015 年,上海完成了全市中小学幼儿园章程的核准工作,确保实现"一校一章程",同步开展学校内部制度体系的梳理修订工作。出台《上海市民办中小学特色学校(项目)、民办优质幼儿园第二轮创建实施方案》《上海市民办中小学特色学校(项目)、民办优质幼儿园第三轮创建实施方案》等文件,提出健全中小学家长委员会,鼓励社会参与学校管理。

2. 改革举措落实情况

（1）加强教育督导

开展初中、幼儿园学校章程实施和执行情况专项督导,全面督查学校章程、规划和制度的制定、实施、考核情况,切实发挥学校章程在依法治教、依法治校中的基础性作用。加强办学督导,挂牌责任督学人员,加强督学队伍的专业培训,逐步推进学科督导工作。做好各委办局、街道、镇"履行教育职责"的责任签约工作。做好教育综合督政。

（2）优化中小学校管理体制

实施各级各类学校依法治校创建工作,探索制定上海市中小学校工作条例,明确中小学校的权利和义务,保障学校在课程教学、教师评聘、学生管理等方面的自主权。全面推行学校法律顾问制度,实现中小学校"一校一章程"。健全中小学家长委员会,鼓励社会参与学校管理。推进规范"公参"义务教育阶段民办学校办学秩序,形成规范公共资源参与举办义务教育阶段民办学校办学的工作方案,指导各区研制工作方案和"一校一策"方案,全市同步启动"公参"义务教育阶段民办学校规范工作。

（六）建立多元参与教育督导评价机制

1. 改革政策出台情况

2015 年 2 月,上海市人大常委会审议通过《上海市教育督导条例》,该条例重点对教育督学资格及职务晋升办法、教育督导的公众参与和接受社会监督等做出全面规范,为各级各类教育督导与评价工作奠定法治基础。上海市还出台了《上海市督学资格认定和管理办法》《对市政府相关职能部门和下级人民政府履行教育职责督导评估的实施办法》《上海市教育督导结果发布与使用暂行办法》等多个文件,完善多元参与的教育督导评价机制。

2. 改革举措落实情况

(1) 建立多元参与的教育督导评价机制

健全教育督导体制机制,加强教育督导组织保障和政策配套。开展督政、督学和评估监测。开展整体办学水平评价、教育教学水平评价,实施内涵建设水平和财政教育经费使用情况评价。评价结果作为安排市级统筹的财政高等教育经费、调整高校经常性经费额度、决定全市性重大教育改革发展项目投入方向的依据。2019 年,做好"省级人民政府履行教育职责评价"整改和自评工作。完成对5 个区政府履行教育职责的综合督政。有序推进本市"义务教育优质均衡发展区"督导评估。完成区政府年度履职的自评公报工作。完成《上海市学前教育三年行动计划》落实情况专项督导。开展幼儿园办园行为督导评估工作"飞行督查"。完成小学"基于课程标准的教学与评价"落实情况的飞行督导。实施 2019年国家义务教育质量监测工作。完成中等职业教育质量监测试点工作。完成教育部对本市教育评价工作的专题调研。[1]

(2) 强化教育督导机构建设

重点强化"上海市人民政府教育督导委员会"机构建设,增强教育督导机构的法定权威性,形成市、区教育督导机构分工协作的高效工作体系。[2] 改革现有教育评估机构运行方式,增加市场化成分。多部门协作,培育和推动独立的第三方专业教育机构参与教育评估和监督。目前全市共有专业教育评估机构24 家。在浦东新区试点基础上,整合教育、人社、工商、社团等部门力量,研究制定促进专业教育服务机构发展的相关规章制度,加快培育独立专业教育服务机构。[3]

四、资源保障

《方案》提出了构建"管办评"制度体系的改革目标,确定了改革教育经费投

---

① 上海市教育委员会.2019 年上海市教育工作年报[EB/OL].(2020 - 04 - 23)[2020 - 05 - 25].http://edu.sh.gov.cn/xxgk_qtgz_jygznb/20200514/0015-gw_9042020001.html.

② 上海市教育委员会.2019 年上海市教育工作年报[EB/OL].(2020 - 04 - 23)[2020 - 05 - 25].http://edu.sh.gov.cn/xxgk_qtgz_jygznb/20200514/0015-gw_9042020001.html.

③ 吴能武."管办评"分离改革的"上海经验"[N].人民教育,2016 - 05 - 30.

入、完善使用机制和健全监管机制等重点任务。2014 年以来,上海市在教育经费投入使用管理制度改革过程中出台了一系列政策文件,推动落实各项改革措施,初步建立起基于战略规划的省级政府教育统筹机制。上海市高等教育投入机制改革在某些方面还有待加强和进一步推进,包括:如何保障生均财政拨款稳定增长,落实教育经费法定增长要求? 高校如何实施综合预算管理? 如何发挥监督和评估对高校提高资金使用效率和效益的促进作用? 等等。

(一) 改革教育经费投入机制

1. 改革政策出台情况

上海市制定《〈上海高等学校学科发展与优化布局规划(2014—2020 年)〉实施方案》《关于进一步完善高等教育投入机制的若干意见》《上海高校高峰高原学科建设管理办法》等文件,强调增强学校自主发展能力,推动高等教育内涵式发展。其中,《关于进一步完善高等教育投入机制的若干意见》提出,上海市高等教育投入机制改革的主要任务是建立"三个机制",即建立以基本办学经费和内涵建设经费为主的经常性投入机制,建立以教育改革发展重大项目为导向的市级统筹投入机制,建立以提高教育项目支出效益为目标的综合监督评估机制;近期目标是实现"三个打通",即打通使用生均公用经费与经常性专项经费、打通使用"十大工程"专项经费与地方高等教育内涵建设相关的经费、打通教师队伍建设的经费;远期目标是促进"三个转变",即从以专项投入为主向经常性投入为主转变、从分散投入为主向学校整体投入为主转变、从以硬件投入为主向以软件投入为主转变。[①]

2. 改革举措落实情况

(1) 建立各级各类学校生均财政拨款稳定增长机制

教育综合改革以来,上海市持续加大财政教育经费投入,全市教育经费保持稳步增长态势。2014 年,全市财政教育投入预算为 783 亿元,其中,市级财政教育支出为 238.6 亿元,区财政教育支出为 544.4 亿元。2019 年,全市教育部门财政预算内教育事业经费预算总额 1064.8 亿元,比上年增长 5.75%。其中:市级

---

① 上海市教育委员会.上海市完善高等教育投入机制激发高校办学活力[EB/OL].(2014 - 12 - 22)[2019 - 09 - 28]. http://www.moe.gov.cn/jyb_xwfb/s6192/s222/moe_1740/201412/t20141222_182240.html.

教育事业经费预算总额 257 亿元,比上年增长 1.90％;区级教育事业经费预算总额 807.8 亿元,比上年增长 7.04％。[①]

同时,基础教育从 2017 年起推行全市基本统一的义务教育生均基本定额标准,小学为不低于每生每年 23500 元,初中为不低于每生每年 29000 元;高等教育从 2016 年起制定生均综合定额标准体系。2019 年,上海市制定 2020 年高校生均综合定额标准调整方案,将高校生均综合定额现有标准 19600 元/生提高到 21000 元/生,进一步提高本市地方公办高校经常性经费使用自主权。[②]

(2) 形成以经常性经费投入为主的高校投入机制

上海市教育经费投入采取"经常性经费投入"与"市级统筹投入"相结合的方式。在经常性经费投入方面,从 2015 年部门预算编制起,上海市以财政生均综合定额为分配依据,编制基本办学经费预算,主要用于学校办学基本运行等;2016 年,上海市将地方高校原来的人员经费、公用经费和项目支出归并整合为规范统一的生均综合定额,制定生均综合定额标准体系。同时,将部分内涵建设资金,按额度"整体打包"下达地方高校,内涵建设经费与基本办学经费打通使用。2016 年,上海市委、市政府印发《上海市深化高校改革建设高水平地方高校试点方案》,其中第 5 条改革措施提出,扩大高校经常性投入自主统筹权。深化市级财政高等教育投入机制改革,确保高校经常性经费投入占比不低于 70％。因此,高校经常性经费投入比例大大提升。[③] 在市级统筹投入方面,建立市级财政高等教育专项资金,主要用于全市性重大教育改革发展项目,如"高峰""高原"学科建设计划等。教育综合改革以来,上海市对地方高校经常性经费与专项经费的投入比例,已经由 2012 年的 30∶70 调整到 2015 年的 72∶28,形成了以经常性经费投入为主的高校投入机制。[④]

---

① 上海市教育委员会.2019 年上海市教育工作年报[EB/OL].(2020 - 04 - 23)[2020 - 05 - 27]. http://edu.sh.gov.cn/xxgk_qtgz_jygznb/20200514/0015-gw_9042020001.html.

② 上海市教育委员会.2019 年上海市教育工作年报[EB/OL].(2020 - 04 - 23)[2020 - 05 - 27]. http://edu.sh.gov.cn/xxgk_qtgz_jygznb/20200514/0015-gw_9042020001.html.

③ 上海市教育综合改革专家咨询委员会秘书处.为教育改革探路 为教育现代化助力(上海市教育综合改革发展报告 2014—2017)[M].上海:上海人民出版社,2017:87.

④ 上海市教育综合改革专家咨询委员会秘书处.为教育改革探路 为教育现代化助力(上海市教育综合改革发展报告 2014—2017)[M].上海:上海人民出版社,2017:25.

（二）完善教育经费使用机制

1. 改革政策出台情况

上海市制定《2015 年地方高校内涵建设经常性经费使用指导意见》《关于推进所属预算单位预算绩效管理的实施意见》《关于进一步加强上海高校科研经费管理的指导意见》等文件,强调规范教育经费支出管理,提升财政预算绩效。其中,《关于进一步加强上海高校科研经费管理的指导意见》指出,在对高校巡视以及对巡视整改情况进行"回头看"的过程中,发现高校科研经费使用管理存在使用不规范、违规报销、套取现金等问题,要求各高校要严守财经纪律,加强事中事后监管。要求上海市高校不得擅自调整外拨资金,不得利用虚假票据套取资金,不得通过编造虚假合同、虚构人员名单等方式虚报冒领劳务费和专家咨询费,不得利用关联公司挪用、贪污科研经费,不得随意调账变动支出、随意修改记账凭证、以表代账应付财务审计和检查等。为了提升预算管理水平,《关于推进所属预算单位预算绩效管理的实施意见》提出,要在所属预算单位推进预算绩效管理,要求各预算单位逐步建立"预算编制有目标、预算执行有监控、预算完成有评价、评价结果有反馈、反馈结果有应用"的预算绩效管理机制。

2. 改革举措落实情况

在经费管理制度方面,首先在上海科技大学率先试点实施综合预算管理改革,不断摸索经验,逐步在其他高校推广实施。以上海交通大学综合预算管理改革为例。2014 年起,上海交通大学针对资源配置权与事权割裂的问题,在部分学院开展校院二级综合预算管理改革试点工作,调整学校对试点学院的综合预算管理模式、核算模式和目标管理方式。学校改变了以往通过各职能部门细分项目向学院分配资源的方式,而是给各学院设立"发展专项经费",将学科建设经费、人才培养经费和国际合作与交流经费等打包给学院,并打通不同经费间的使用限制,同时扩大学院自筹经费的自主使用权和使用比例,由学院统筹安排学校下达的日常经费、学科建设经费以及学院自筹的教学、科研等其他收入,以"量入为出,事前控制"的原则根据当年工作计划制定预算方案,纳入学校年度预算,学校财务部门严格按照学院制定的年度预算进行财务管理。

（三）健全教育经费监管机制

1. 改革政策出台情况

上海市制定《上海市地方公办高校总会计师管理办法》《进一步健全财政教育经费管理监督机制的若干意见》《上海市教育系统内部审计工作规定实施办法》等文件，强调加强财政教育经费管理，健全教育经费监管机制。其中，《进一步健全财政教育经费管理监督机制的若干意见》决定，市教委委托上海市教育督导事务中心承担区基础教育经费和中等职业学校经费监管等职能；委托上海市教育委员会财务与资产管理中心承担高校经费和直属事业单位经费监管等职能。

建立咨询机制。颁布《上海市高等教育促进条例》，规定本市设立高等教育投入评估咨询委员会，对高等教育重大投入政策提出咨询意见并进行评估，对市属高校经费使用情况进行督导和检查。同时规定，市人民政府应当建立高等教育经费使用监督检查制度，加强高等教育经费使用绩效评价。定期对其投入经费的使用情况进行审计和绩效评估，对审计整改落实情况进行监督检查。评价结果作为对高等学校财政投入的参考依据。

2. 改革举措落实情况

在监督机制方面，首先在上海大学等8所地方高校试行总会计师委派制，力争在"十三五"期间实现全覆盖。《上海市地方公办高校总会计师管理办法》规定，上海市地方公办高校总会计师应当由专业人士出任，必须履行8项工作职责、具有5项工作权利。8项工作职责包括：负责会计核算和财务报告，确保会计信息的真实和完整；负责预算、筹资、投资、资金管理以及成本控制、绩效评估等在内的财务管理；参加学校重大财经管理活动和重要经济问题的研究与决策；加强会计监督，负责或参与财务风险管理、偿付能力管理，保护学校财产安全完整；加强校内财务会计管理基础工作和基层建设；组织清产核资，加强资产管理，保护国有资产完整和保值增值；组织落实审计意见，监督执行审计决定；落实学校主管部门、法律法规和学校章程规定的其他职责。5项工作权利包括：参加重大经济事项决策；对重大决策和财经法规的执行情况进行监督，对内部控制制度实施监督；对学校及二级单位财务部门负责人的任免、考核提出意见；学校按规定对大额资金的使用，建立由总会计师与学校主要负责人联签制度，总会计师拥有大额资金流动联签权;对违反国家法律、法规、方针、政策、制度和有可能在经济上造成损失、浪费的行为,有权制止或纠正,并报告学校主要负责人,制止或纠正无效时及时向学校主管部门报告。①

在咨询机制方面,上海市于 2015 年设立高等教育投入评估咨询委员会,建立了上海高等教育投入评估咨询委员会运行机制,对市级重大教育专项进行论证和评估,并把高校财务管理状况和经费使用监督评估机制完善情况作为调整经费投入的重要依据。

五、开放联动

《方案》提出构建"以加强资源共享、促进融合互补为导向,努力形成促进内涵发展和教育公平、推动教育与经济社会发展合作共赢的开放联动制度体系"的改革目标,并制定了"合力构建扩大教育改革成果区域共享辐射""合力构建校内外育人共同体""推动优质资源共建共享和辐射服务""营造跨部门联动和校企深度融合的制度环境""以需求为导向提升协同创新效益""增强教育的国际影响力和竞争力"等重点任务。②

综合改革以来,上海市出台了系列政策文件,推动开放联动制度体系建设,在合力构建校内外育人共同体、推动优质资源共建共享、产学研协同创新、长三角一体化教育协同发展和国际合作等方面颇有成效。但同时也可以看到校外教育资源与学校教育衔接不够紧密,合力育人能力有待进一步加强,职业教育还不能完全适应经济社会发展的需要,其开放性、终身性和融通性还有待进一步深化。

(一)合力构建校内外育人共同体

1. 改革政策出台情况

上海市从 2013 年开始推进文教结合平台机制,先后制定多个行动计划。综合改革期间,制定了《上海市文教结合工作三年行动计划(2016—2018 年)》,对

---

① 上海市教育委员会.上海地方公办高校将设总会计师市委常委会审议通过《管理办法》[EB/OL].(2014-08-12)[2020-01-08].http://edu.sh.gov.cn/web/xwzx/show_article.html? article_id=75509.

② 上海市教育综合改革专家咨询委员会秘书处.为教育改革探路 为教育现代化助力(上海市教育综合改革发展报告 2014—2017)[M].上海:上海人民出版社,2017:11.

发挥文化艺术场馆的育人功能、健全馆校协同育人的工作机制、强化校内校外衔接协作等做出了明确要求;制定《上海市文教结合三年行动计划(2019—2021年)》,进一步提出"坚持'跨界融合、资源共享'的协同模式,实现文化建设与素质教育相结合"。

聚焦校外教育,上海市出台了《上海市校外教育三年行动计划(2017—2019年)》,提出"聚焦教育综合改革,围绕'为了每一个学生的终身发展',坚持统筹协调、形成合力,推动形成有利于传承发展中华优秀传统文化的体制机制和社会环境;建立和完善与上海城市发展和教育现代化发展相匹配的校外教育工作体系"。制定《关于进一步加强上海市大中小学、幼儿园劳动教育的意见》,构建德智体美劳全面培养的教育体系,充分发挥劳动教育的综合育人价值。[1] 具体到各教育层级,出台《关于加强上海市普通高中学生志愿服务(公益劳动)管理工作的实施意见》,指出"加强对社会实践基地(项目)的确认、发布、认证指导以及落实报备管理制度;促进馆校合作、社校合作及校际合作,发展多元化志愿服务项目"。就推进初中学生综合素质评价社会实践工作制定《上海市初中学生社会实践管理工作实施办法》[2],提出"加强对所属社会实践基地、场所(项目)的建设,积极挖掘潜力,开发资源,提供安全、有序、多样的社会实践活动"。

在家校协同育人方面,制定《关于进一步推进家庭教育工作的实施意见》,将家庭教育工作长远目标与近期实施目标紧密结合,从强化家长在家庭教育中的主体责任、构建家庭教育指导的服务体系、形成家庭教育的社会支持网络三个方面,明确深化家庭教育工作的主要任务。同时,还制定了《上海市关于深化家庭文明建设的实施意见》《上海学校德育"十三五"规划》,将家庭教育工作纳入精神文明建设的总体规划之中,纳入教育发展的总体规划之中,强化家庭教育工作的顶层设计,统筹推进。[3]

2. 改革举措落实情况

上海市校外教育主动呼应"以遵循教育规律,回归育人本原为重点,形成

---

① 上海市教育委员会.2019 年上海市教育工作年报[EB/OL].(2020 - 04 - 23)[2020 - 05 - 26].http://edu.sh.gov.cn/xxgk_qtgz_jygznb/20200514/0015-gw_9042020001.html.

② 上海市教育委员会.2019 年上海市教育工作年报[EB/OL].(2020 - 04 - 23)[2020 - 05 - 26].http://edu.sh.gov.cn/xxgk_qtgz_jygznb/20200514/0015-gw_9042020001.html.

③ 上海全力构建"五位一体"家校协同育人机制[EB/OL].(2019 - 09 - 04)[2019 - 09 - 04].http://edu.eastday.com/node2/jypd/n5/20190904/u1ai26689.html.

促进学生德智体美诸育全面发展和终身发展的育人制度体系"的教育综合改革要求,健全校外教育工作体系,创新体制机制,健全和完善区域校外教育联席会议制度;开发适合个性化学习的校外教育活动资源,促进校外文艺科技场馆资源丰富服务功能、提升服务能级,建设一批学生社区实践指导站、中华优秀传统文化传习示范基地和市级示范性校外教育活动场所。探索科普场馆与学校间可复制推广的馆校合作模式。形成了"红色一课""院士一课""博物馆一课"等校内外教育衔接的馆校合作课程,开展"科普校园行"科学家巡讲活动,与科技馆、自然博物馆共同推进"利用场馆资源提升科技教师和学生能力"项目。

构建完善校外教育实践基地记录机制,引导各基地普遍设立"教育部门"和"教育专员",客观记录学生参与社会实践与体验过程,形成馆校资源共享、人才共育的合力。建设博雅网、上海市学生社会实践信息记录电子平台等校外教育信息化平台,为深化教育综合改革,服务学生全面健康成长提供了日益丰富的教育资源。推进高中生社会实践,编制《上海市普通高中生志愿服务(公益劳动)社会实践基地评估指标》及《上海市高中生志愿服务(公益劳动)社会实践基地评价管理办法》,2018 年建立近 1900 个学生社会实践基地,提供学生实践岗位逾 67 万。做好未成年人暑期工作,发放《2018 年上海市未成年人暑期活动汇编》等"暑期大礼包"。2019 年完成市区两级学生社会实践基地审核备案 100 多家,基地总数超 2000 家。[①]

构建组织管理、指导服务、队伍培养、评价引领、研究突破"五位一体"的家庭教育指导服务新体系。一是构建家庭教育指导市、区、校三级联动机制;二是积极构建"线下讲坛＋空中课堂"指导服务网络,推进"1＋16＋X"家庭教育指导"网格化"建设,为家长提供就近就便的支持和帮助,打通家庭教育指导"最后一公里";三是形成"骨干培训＋全员覆盖"队伍培养体系,组织开展"上海市家庭教育指导者"培训和研讨工作,为教师补上家庭教育指导能力素养的短板;四是研制发布"三个标准",即《上海市家庭教育示范校评估指标》和《区家庭教育研究和指导中心建设标准》《社区家庭教育示范指导站点标准》,建立起"标准引领＋评

① 上海市教育委员会.2019 年上海市教育工作年报[EB/OL].(2020－04－23)[2020－05－26]. http://edu.sh.gov.cn/xxgk_qtgz_jygznb/20200514/0015-gw_9042020001.html.

估激励"评价工作机制。①

（二）营造跨部门联动和校企深度融合的制度环境

1. 改革政策出台情况

2015年，制定《上海市人民政府关于加快发展现代职业教育的决定》，提出"到2020年，形成政府引导、依托企业和园区、充分发挥行业作用、社会力量积极参与的多元化办学格局"，"深化产教融合、校企合作人才培养模式改革，提高职业教育办学质量和效益"。同年年底，制定长期规划《上海现代职业教育体系建设规划（2015—2030年）》，对职业教育的发展规模和层次、布局结构和体系建设等进行一系列重要设计，提出"构建与市场需求和劳动就业紧密结合、学校教育与职业培训并举、产教深度融合、纵向衔接、横向贯通，体现终身教育理念，结构合理、功能多样、覆盖城乡学龄青年和全体劳动者、贯穿从学习到工作各阶段、满足多样化和差异化需求的现代职业教育体系"。2016年上海市教委制定《上海市高等职业教育创新发展行动计划（2015—2018年）实施方案》，提出"深化产教融合，提升服务产业发展能级"的目标，"发挥行业企业作用，建立职业院校、教育主管部门以及行业的联动机制。鼓励多元主体组建职业教育集团，促进技术技能的积累与创新。支持企业通过校企合作共同培养培训人才。开展现代学徒制试点，推进校企一体化育人"。2018年底，修订《上海市职业教育条例》，增加"校企合作"专章，着力解决职业教育校企合作的制度短板，加强对产教融合的引导和推动，提出"职业学校应当制定校企合作规划""开展联合招生、联合培养，以工学结合的方式提升学生技能水平""建立校企合作企业评价制度"等。2019年，教育部和市政府签署《教育部　上海市人民政府实施职业教育改革发展合作备忘录》，出台《上海职业教育高质量发展行动计划（2019—2022年）》，进一步优化校企合作、双元育人机制。出台《上海深化产教融合推进一流专科高等职业教育建设试点方案》，将产教融合作为推进高等职业教育质量提升的关键点和突破口。②

另外，完善民办教育法律法规与配套制度建设，编制《上海市民办教育发展

---

① 忻硕如，李婷.家校协同，让孩子健康成长——2019年上海市家庭教育主题宣传活动启动仪式举行［N］.东方教育时报，2019-05-31.

② 上海市教育委员会.2019年上海市教育工作年报［EB/OL］.（2020-04-23）［2020-05-26］.http://edu.sh.gov.cn/xxgk_qtgz_jygznb/20200514/0015-gw_9042020001.html.

"十三五"规划》等配套文件,完善鼓励社会力量兴办教育的各项政策措施。推进上海市民办教育地方立法工作,健全民办教育改革发展配套政策体系,制定出台《上海市人民政府关于促进民办教育健康发展的实施意见》及《任务分工方案》、《上海市民办学校分类许可登记管理办法》和《上海市民办教育工作联席会议制度》等文件,促进民办职业院校的改革与发展。

2. 改革举措落实情况

服务区域经济社会发展,促进产教融合。围绕上海产业发展特点,布局新兴专业,新设专业原则上应有相关行业企业参与;调整关闭部分专业,如职业院校不再新增金融类专业,关闭有色金属冶炼、火电厂仪表安装等不符合上海产业发展要求的专业;扩大紧缺专业人才培养规模,如学前教育、养老护理等专业。

鼓励多元主体组建职业教育集团。制定学校、行业、企业、科研机构、社会组织等共同组建职业教育集团的支持政策。探索组建覆盖全产业链、跨行业、跨部门、辐射区域发展的职业教育集团。围绕产教融合、校企合作等,筹划成立首批4家"长三角地区联合职业教育集团"。支持行业企业深度参与职业学校教育教学改革,以多种方式参与学校专业规划、课程开发、教材编制、教学设计、实习实训等工作,联合培养符合现代企业需求的人才。

推进跨部门协作,开展双证融通改革。上海市教委和上海市人社局协作开展"双证融通"试点,将职业资格证书课程内容、技能考核提前融入专业教育教学和学业评价,实现从突击考证到过程评价的转变。推动应用型本科高校、高职院校、中职学校积极参与"1+X"证书制度建设。[①]

打造双师型国际化教师队伍。率先开展职业院校新进教师规范化培训工作,并在部分学校试行新进教师经培训后持证上岗制度。上海市教委与上海市人社局共同认定19个高技能人才基地作为上海职业教育师资培训企业实践基地,推进职业教育教师赴企业实践工作机制,专业教师每5年赴企业实践1年。同时推动行业企业兼职教师进课堂,先后资助近5500名来自生产一线、具有丰富实践经验的特聘兼职教师,将企业先进生产技术和理念带入职教课堂。积极选派优秀师资赴德国、澳大利亚等国家培训,培养了一批具有国际视野的职业教

---

① 上海市教育委员会.2019年上海市教育工作年报[EB/OL].(2020 - 04 - 23)[2020 - 05 - 26].http://edu.sh.gov.cn/xxgk_qtgz_jygznb/20200514/0015-gw_9042020001.html.

育师资中坚力量。

(三) 形成以需求为导向的产学研协同创新模式

1. 改革政策出台情况

上海市制定《上海市"2011协同创新中心"发展行动计划(2013—2017年)》,推动协同创新中心发展。为加快建设具有全球影响力的科技创新中心建设,上海市于2015年出台《关于加快建设具有全球影响力的科技创新中心的意见》,提出科技创新中心建设的奋斗目标和总体要求,实现上述目标需要聚焦体制机制、人才、创新创业环境和重大科技创新布局四个关键环节。之后,上海市又出台《上海推进科创中心建设22条意见》《关于深化人才工作体制机制改革促进人才创新创业的实施意见》等文件,促进科技创新中心建设。

2. 改革举措落实情况

为形成以需求为导向的产学研协同创新模式,上海市采取了如下举措。一是推进协同创新中心建设,加强高校知识服务能力。目前上海市有4个国家级2011协同创新中心,33个上海市协同创新中心。二是推动高校智库的核心能力建设,确立81项战略研究项目、13项核心数据库、55项系列品牌产品。2015年,复旦大学中国研究院入选首批国家高端智库试点单位。三是推进上海科技创新中心建设,全力打造国家重大科技基础设施群。目前已经建成和在建的项目有14个,在全国处于领先地位;围绕关键核心技术和卡脖子领域持续发力,如芯片技术、人工智能、生物医药等;构建支撑大众创业、万众创新的服务网络。[①]

(四) 推进长三角一体化教育协同发展

1. 改革政策出台情况

2018年10月,在第十届长三角教育一体化发展会议上,江苏、浙江、安徽三省和上海市共同签署《长三角地区教育更高质量一体化发展战略协作框架协议》(以下简称《战略框架协议》)、《长三角地区教育一体化发展三年行动计划》(以下简称《三年行动计划》)。作为今后长三角一体化教育协同发展的总体战略规划和纲领性文件,《战略框架协议》明确了长三角一体化发展的主要目标、长三角一体化发展的推进路径以及长三角一体化发展的保障机制,标志着长三角教育发

---

① 新浪财经.上海科创5周年,这张成绩单了解 下[EB/OL].(2019-05-15)[2019-10-26].http://finance.sina.com.cn/roll/2019-05-15/doc-ihvhiqax8928418.shtml.

展进入到一个全新的一体化、高质量发展阶段。《三年行动计划》明确了在未来3 年长三角教育将率先在高教、职教、师资等若干领域深化协作、重点发力。[①] 2019 年底制定《长三角教育一体化发展近期工作要点（2019—2020 年）》，提出"组建长三角高校协同创新及其他特色联盟""构建联合教研、校外实践、研学旅行等资源共享机制""打造职业院校名师、名校长工作室的共享平台，促进课程体系、实践实习、创新创业等方面的开放协作""探索建立各级各类学校骨干教师、优秀中青年干部等交流挂职机制"。发布《长三角地区社区教育、老年教育协同发展三年行动计划》，成立"长三角青吴嘉成校合作联盟"。[②]

2. 改革举措落实情况

（1）推进长三角集团化办学

由上海电子信息职业教育集团牵头，成立长三角电子信息职业教育集团，截至 2018 年已有包括 32 所高职院校、55 所中职学校、83 家企业及行业协会在内的 170 家单位加盟，围绕产教融合、校企合作等，推进资源共建共享。基础教育集团也逐步拓展到上海周边三省。华东师范大学基础教育集团先后与江苏盐城、江苏淮安、浙江湖州开展战略合作，校地共建"华东师大盐城实验中学""华东师大星源淮安实验学校""华东师大湖州实验中学"；上海师范大学附属学校品牌也在浙江嘉善、江苏吴江、安徽合肥等多地开展一贯制学校合作办学。

（2）开展联合研究

依托上海张江、浙江之江、安徽合肥等国家综合科学中心，探索建立长三角跨区域联合实验室，形成需求导向的联合共管机制。[③] 上海市教委科技发展中心会同复旦大学、上海交通大学、浙江大学、南京大学、中国科学技术大学等三省一市相关高校联合发起"长三角高校技术转移联盟"，积极为长三角地区乃至全国其他地区的企业提供技术开发和技术服务。

（3）联合开展人才培养和师资培训

---

① 中国新闻网.长三角三省一市签署"战略框架协议"和"三年行动计划"推进教育一体化[EB/OL].(2018 - 12 - 13)[2020 - 03 - 25].https://www.chinanews.com/gn/2018/12 - 13/8701499.shtml.

② 上海市教育委员会.2019 年上海市教育工作年报[EB/OL].(2020 - 04 - 23)[2020 - 05 - 26]. http://edu.sh.gov.cn/xxgk_qtgz_jygznb/20200514/0015-gw_9042020001.html.

③ 解放日报.教育一体化,更多的红利在后头[EB/OL].(2018 - 12 - 19)[2020 - 03 - 25].https://www.shobserver.com/journal/2018-12-19/getArticle.htm? id＝263239.

建设基础教育校长、教师培训联动平台,构建"影子校长、影子教师"后备人才联合培养机制。开展长三角名校长联合培训,开展师范院校教师智慧教学大赛和师范生教学基本功比赛,推进长三角地区教育协调发展。[①] 成立"长三角教育人才服务联盟",着力打造"长三角师资招聘、培训、流动和创新的教师生态圈",探索建立"长三角访问学者",以及各级各类学校骨干教师交流挂职机制等。成立"长三角民办高校教学发展联盟",为长三角民办高校的教师发展构建专业性的学术交流平台。成立"长三角地区开放教育学分银行",完成长三角学分银行管理制度起草和平台需求调研工作。[②] 探索地区间学习成果互认机制,探索学生校际流动与培养互认机制,推进地区内课程互选和学分互认。[③]

(五)增强教育的国际影响力和竞争力

1. 改革政策出台情况

上海市制定《上海教育对外开放"十三五"发展规划》,对上海市教育对外开放进行顶层设计。在中外合作办学方面,上海市出台《上海市中外合作办学教育学费管理办法》,对中外合作办学学费收取等进行规范。为推进留学生落户,制定《关于推进落实进一步支持上海科创中心建设出入境措施的实施办法》,每年更新落户政策。此外,上海市制定《上海市教育委员会关于进一步加强本市外籍人员子女学校管理工作的通知》《上海市教育委员会资助上海市高校学生赴国际组织实习项目管理办法(试行)》《上海外籍人员子女学校管理办法》等政策,为上海教育对外开放提供制度保障。

2. 改革举措落实情况

(1)实施"引进来"和"走出去"战略,提升中外合作办学质量

近年来,上海市引进纽约大学、密歇根大学、悉尼大学、温哥华电影学院、新加坡国立大学、香港大学等世界知名院校,推进高水平中外合作办学。截至2019年,全市共有中外合作办学机构和项目177个,其中机构27个,项目150

---

① 上海市教育委员会.2019年上海市教育工作年报[EB/OL].(2020-04-23)[2020-05-26]. http://edu.sh.gov.cn/xxgk_qtgz_jygznb/20200514/0015-gw_9042020001.html.

② 上海市教育委员会.2019年上海市教育工作年报[EB/OL].(2020-04-23)[2020-05-26]. http://edu.sh.gov.cn/xxgk_qtgz_jygznb/20200514/0015-gw_9042020001.html.

③ 徐瑞哲.聚焦高质量,聚力一体化! 到2025年,长三角率先实现教育现代化! [N].解放日报,2018-12-14.

个。开展学历教育的机构和项目 158 个,非学历教育 19 个。[①] 上海高校结合自身的办学特色和优势,积极"走出去",进行境外办学。截至 2018 年 5 月,上海已经有 9 所高校到境外办学。[②] 上海中医药大学继 2009 年与泰国华侨崇圣大学合作举办中医学本科专业后,2014 年与马来西亚国际医药大学合作举办中医本科教育项目,2015 年与马耳他大学合作举办学制为一年的"中医针灸与文化"硕士课程,2018 年与德国汉堡大学医学院联合在当地开设中医硕士项目。中欧国际工商学院自 2009 年开始在加纳阿克拉启动非洲教育管理项目,2016 年起,先后在拉各斯、内罗毕、阿克拉和亚的斯亚贝巴四地开设面向非洲当地高层管理人员和赴非投资的中资企业高管的公开课。[③] 2018 年,华东理工大学与罗马尼亚锡比乌大学合办一所中欧国际商学院。在举办中外合作办学项目的同时,上海市还通过机构和项目认证、创建示范性中外合作办学机构/项目评选与建设机制等制度保障来提升中外合作办学机构/项目的质量。

(2) 扩大来沪留学生教育规模并且不断优化结构

2014 年上海留学生人数为 55911 人[④],2018 年达到 61400 人[⑤]。2019 年本市各普通高校招收来华留学生 64480 人,学位生总数 23830 人,比上年提高 7.7%。[⑥] 上海市开通"留学上海"多语种在线服务平台,提升服务来华留学生质量。建设国际学生服务中心、上海国际教育考试服务中心、上海国际教育认证服务中心等,打造具有国际竞争力的国际教育服务体系。

(3) 积极参与国际教育测试和国际治理,提升全球治理能力

上海市于 2009 年率先参与国际学生评估项目(PISA),并连续两次获得全球第一的佳绩;2015 年,上海市与北京市、江苏省以及广东省联合参加,获得全

---

①　上海市教育委员会.2019 年上海市教育工作年报[EB/OL].(2020 - 04 - 23)[2020 - 04 - 27]. http://edu.sh.gov.cn/xxgk_qtgz_jygznb/20200514/0015-gw_9042020001.html.

②　樊丽萍.上海高等教育加快"走出去"　九所高校境外办学[N].文汇报,2018 - 05 - 15.

③　上海市教育综合改革专家咨询委员会秘书处.为教育改革探路　为教育现代化助力(上海市教育综合改革发展报告 2014—2017)[M].上海:上海人民出版社,2017:380.

④　中华人民共和国教育部.2014 年全国来华留学生数据统计[EB/OL].(2015 - 03 - 18)[2019 - 10 - 20].http://www.moe.gov.cn/jyb_xwfb/gzdt_gzdt/s5987/201503/t20150318_186395.html.

⑤　中华人民共和国教育部.2018 年全国来华留学生数据统计[EB/OL].(2019 - 04 - 12)[2019 - 10 - 20].http://www.moe.gov.cn/jyb_xwfb/gzdt_gzdt/s5987/201904/t20190412_377692.html.

⑥　上海市教育委员会.2019 年上海市教育工作年报[EB/OL].(2020 - 04 - 23)[2020 - 04 - 27]. http://edu.sh.gov.cn/xxgk_qtgz_jygznb/20200514/0015-gw_9042020001.html.

球第十的成绩;2018年,上海市与北京市、江苏省、浙江省联合参加,获得全球第一的成绩。PISA测试获得的优异成绩是对上海基础教育改革的肯定,也使上海基础教育的实践和经验成为一些发达国家学习和借鉴的对象。2016年,英国政府宣布全面学习上海数学教学模式,世界银行也尝试在全球推广上海基础教育的成功经验。2016年和2018年,上海市连续两次参加全球教师教学国际调查项目(TALIS),结果显示上海教师队伍专业发展的多项指标位列全球第一,上海基础教育的师资力量又让全球瞩目。在参与教师TALIS测试过程中,上海还参与了TAILS开发过程,将"绿色指标"等中国概念与中国标准引入TALIS问卷的研制中,而不再是简单地接受测试。近年来,上海市加快推动国际组织落户上海,越来越多地参与到国际教育治理体系。联合国教科文组织在沪设立联合国二类机构——联合国教科文组织教师教育中心(上海);联合国教科文组织国际剧协总部由法国巴黎搬迁至上海戏剧学院,开创了国际文教组织总部迁址到中国乃至亚洲的先例。国际乒联博物馆搬迁至上海体育学院,世界知识产权组织暑期学校项目落户华东政法大学,中国—上海合作组织国际司法交流合作培训基地落户上海政法学院,这些都说明上海在投身全球教育治理中做出了更多的贡献,国际影响力日益提升。

(六)构建支撑教学管理深度变革的信息化环境

1.改革政策出台情况

上海市2016年制定《上海市教育信息化"十三五"规划》,提出"整合共享,推进教育数据和资源开放服务"的发展任务,要求"推动各级各类学校数据和资源的融合共享……推动各级各类学校、社会机构开发集聚优质资源,建立市场主导、多方参与、开放平等、共建共享的信息化教育资源和服务供给模式,实现优质教育资源区域共享,促进教育公平"。2018年制定《上海市教育信息化2.0行动计划(2018—2022)》,对上海市教育信息化的发展提出总体要求和具体行动,并对增强信息化支撑一线教学变革能力提出具体举措。印发《上海市教育委员会信息化项目管理办法(试行)》和《上海市中小学数字教材建设与教学应用实验项目》,研究制定市实验性示范性高中和特色高中参与名校慕课建设的管理办法。通过制定上述政策,推进信息技术与教育教学的深度融合,探索数字技术在教学评估决策方面的优势,增强信息化支撑一线教学变革能力。2018年,上海市教育委员会研究制定《上海市教育信息化应用标杆学校创建工作实施方案》,启动上海市教育信息化应用标杆学校创建工作,通过标杆创建工作,在全市率先建成一批服务学生个性化发展、具有先进教育理念和现代化治理体系的新型学校。

2. 改革举措落实情况

(1) 完善教育信息化标准规范体系

推进上海大规模智慧学习平台(微校)建设,完善市场运行机制,扩展服务规模。目前,上海教育信息化已初步建成以促进信息技术与教育教学、管理决策和公共服务深度融合为核心的"一网三中心两平台"(上海教育城域网,上海教育数据中心、上海教育资源中心、上海教育认证中心,上海大规模智慧学习平台、上海教育综合管理决策平台)基础环境。

(2) 推进网络精品课程建设

制定市实验性示范性高中和特色高中参与名校慕课建设的管理办法,完善上海市高中名校慕课平台,将优质拓展型和研究型课程资源面向全市分享。已有 61 门优质拓展型和研究型课程资源面向全市分享。推进国家级精品课程建设。2017 年,上海市有 71 门课程列入国家级精品视频公开课建设范围,165 门课程列入国家精品资源共享课建设范围,其中 148 门课程获"国家级精品资源共享课"称号。实施"一师一优课、一课一名师"活动,实现 30%以上的中小学教师在平台上"晒课"。2018 年全市共有 1371 所学校参与"晒课"活动,发动 40099 名教师晒了 44529 堂课。[①]

(3) 推动信息化应用标杆学校创建工作

创建工作分为评审遴选、创建培育、发展评估和示范引领四个阶段。被确定为上海市教育信息化应用标杆培育校的对象,在 3 年的创建周期内,要充分发挥主体责任,统筹管理团队、专任教师、技术人员等形成合力,积极推进和落实创建工作,并在基础环境、管理机制、师资培养、资源建设、教学应用、学习评价、社会协作等方面进行经验总结,为其他学校的建设与探索提供范例,真正发挥引领上海教育信息化发展的标杆效应。[②] 2018 年 10 月,上海市教育委员会正式启动组

---

① 上海市教育委员会.2018 年上海市教育工作年报[EB/OL].(2019 - 04 - 05)[2019 - 10 - 12]. http://edu.sh.gov.cn/xxgk_qtgz/jygznb/20200514/0015-gw_9042019001.html.

② 上海教育.人工智能助力教育现代化 上海教育信息化步入 2.0 时代[EB/OL].(2019 - 10 - 09)[2020 - 02 - 25].http://edu.sh.gov.cn/web/xwzx/show_article.html? article_id=101271.

织申报工作,共计 146 所学校申报。2019 年,市教委公布了第一批 21 所、第二批 33 所上海市教育信息化应用标杆培育校名单。[①]

(4) 加快推进优质教育资源共建共享

上海市网络学习空间服务平台与国家资源服务体系对接、与上海市已建应用融合,为师生、管理者及家长提供全新的应用体验。积极建设"上海学习网",向各类学习者提供课程学习、在线阅读、互动交流、特色频道等功能,深受欢迎,助力"人人皆学,时时能学,处处能学"目标的实现。[②]

(5) 实施"易班"内涵建设专项计划

"易班"于 2007 年在上海创办,是一个实名制的综合性学生网络互动社区。为学生提供教育教学、文化娱乐和生活服务。经过内涵专项建设,2017 年"易班"已吸引全国 21 个省市区 476 所高校参与共建,覆盖学生超过百万,逐渐形成线上线下相结合,全员、全过程、全方位的网络育人格局。

(6) 深度挖掘数据库服务决策咨询的功能

整合中央与地方、政府与高校资源,通过对存量数据库资源的挖掘盘活,服务教育决策咨询需求。2015 年 12 月,教育部与上海市人民政府协议共建,由华东师范大学与上海市教育科学研究院联合建立教育经济宏观政策研究院。在教育综合改革背景下,研究院作为信息技术支撑的新型智库,利用大数据技术做出了很多高质量的决策咨询成果。

---

① 上海教育.创建 54 所教育信息化应用标杆学校,为每位学生创造最适合的教育[EB/OL].(2019 - 10 - 10)[2020 - 04 - 25].https://www.sohu.com/a/346035601_391459.

② 上海教育.人工智能助力教育现代化 上海教育信息化步入 2.0 时代[EB/OL].(2019 - 10 - 09)[2020 - 02 - 25].http://edu.sh.gov.cn/web/xwzx/show_article.html? article_id=101271.

第四章 上海市教育综合改革的经验与亮点

作为"两校一市"试点单位,上海市承担从基础教育到高等教育全链条的教育综合改革试点重任,肩负形成在全国范围内可复制、可推广经验的改革任务。在对上海市教育综合改革举措与成效总结的基础上,本章凝练了改革形成的经验与亮点,主要包括课程思政创新助推育人同心圆建设、精准施策实现学前教育质量提升、多重组合拳推动基础教育一体化均衡发展、多形式贯通搭建立体化职业教育体系、服务个性化需求形成泛在可选的终身教育、教学激励和教师培训助力教师专业发展、分类管理推进高校多元特色发展、校院两级管理改革激发办学活力、投入机制改革推动高等教育内涵式发展、合作共享促进长三角一体化教育协同发展等。

一、课程思政创新助推育人同心圆建设

上海市以立德树人为根本,充分发挥课堂教学主渠道作用,积极构建大中小学德育一体化育人体系,以德育教育引领和助推诸育融合,学生思想道德和身心综合素养促进机制基本形成。

(一)基础教育全面落实"学科德育",提升学科育人价值

"学科德育"是上海中小学在加强青少年思想道德教育中提出的重要主张,也是落实素质教育的重要内容,更是新时期探索育人之道的重要实践。其具体可借鉴的做法有:编制形成历史、道德与法治等9门学科的德育教学指南和学校综合德育活动指导意见;建成1000多堂覆盖全学科的"特色示范课堂"和"学科德育精品课"资源库;持续建设8个上海市学科德育协同研究中心、35个中小学骨干教师德育实训基地、17个覆盖全学段的中小学班主任带头人工作室[①]等,全

---

① 上海市教育委员会.2018年上海市教育工作年报[EB/OL].(2019-04-05)[2019-10-12].http://edu.sh.gov.cn/xxgk_qtgz_jygznb/20200514/0015-gw_9042019001.html.

方位指导提升学科育人价值,使之成为培育学生健康成长的重要途径。

(二)高等教育率先践行"课程思政",树立全课程育人范式

2017年,教育部高校思想政治理论课教学质量年上海调研片会暨高校"课程思政"现场推进会在上海举行。会议认为,上海"课程思政"改革敢为人先、谋划超前,路径清晰、层次分明,领导重视、建章立制,取得了重要进展,[①]体现了上海市"改进"的努力、"加强"的实效、"创新"的意识、"提高"的水平,为构建以思政课为核心,各类课程与思政课同向同行、形成协同效应的思想政治理论教育课程体系提供了一套有价值、可推广的"上海经验"。

一是建设"4+1+X"思政课课程体系,提升思政课教学质量。上海市首批遴选5个市级高校思政课教学改革试点单位,进行跟踪管理、全程指导;成立首届上海高等学校思想政治理论课教学指导委员会,完善课程改革领导机制;开展思政课大调研,组织专家赴全市高校听课逾450堂;重点推出复旦大学"中国共产党治国理政理论与实践"等教学改革课程作为示范;创新推进领导干部上思政课机制,市委、市政府主要领导分别到复旦大学、上海交通大学等高校为大学生上"形势与政策"课。截至2017年,上海已率先实现全市高校课程建设的"三个全覆盖",即开设"中国系列"思政选修课程全覆盖、开展综合素养课程改革全覆盖、开展专业课程育人全覆盖。2019年,上海市深入开展"上海高校课程思政领航计划",遴选确立10所"领航高校"和20所"领航学院"[②],进一步推动课程思政改革向纵深发展。

二是积极探索全课程育人模式,全面启动"三圈三全十育人"综合改革。上海市鼓励高校把思想政治教育与学科优势相结合、与专业课程相结合,强化思政理论课核心地位,挖掘深化综合素养课程(包括通识教育课、公共基础课等)和专业教育课程(包括哲学社会科学课程和自然科学课程)的育人功能,全面启动"三圈三全十育人"综合改革。"三圈三全"指的是:内圈聚焦第一课堂育人主渠道,落实全员育人;中圈聚焦素质教育第二课堂、网络思政第三课堂,落实全过程育人;外圈聚焦"开门办思政",落实全方位育人。"十育人"指的是:课堂育人、科研

① 彭德倩.明大道善教化,更重激发共鸣[N].解放日报,2017-06-23.
② 上海市教育委员会.2019年上海市教育工作年报[EB/OL].(2020-04-23)[2020-05-28].
http://edu.sh.gov.cn/xxgk_qtgz_jygznb/20200514/0015-gw_9042020001.html.

育人、文化育人、实践育人、网络育人、心理育人、资助育人、管理育人、服务育人和组织育人。"三圈三全十育人"的理念,在时间上强调各个学段的一体贯通、各个环节的齐头并进、各个节点的有效把握,在空间上强调各个场域的全面覆盖、各方主体的深度参与、各种资源的有效利用,使育人的体系更加科学化、立体化、具象化,是对新时代育人工作进行的积极探索,[1]有效推动了高校思想政治工作更上一层楼。目前,上海已获批全国首批"三全育人"试点区,2 所高校入选首批整体试点校,4 所高校二级学院入选首批试点学院。[2] 同时,在课程建设上,上海高校已成功建成以思政课必修课为核心、数十门"中国系列"思政课选修课为骨干、三百余门综合素养课为支撑、一千余门专业课为辐射的"课程思政"育人同心圆。

二、精准施策实现学前教育质量提升

上海市在学前教育综合改革过程中,通过加强规划管理、建立长效机制和增进示范效应等,助力学前教育质量不断提升。

（一）加强规划管理,完善顶层设计

通过自上而下的制度改革,将教育规划、家校联动、质量评价等传统难点痛点问题串联起来,用制度为学前教育发展保驾护航。

一是规划先行,分步实施。上海市始终坚持公益普惠方向,持续优化学前教育资源。自 2006 年起,已实施两轮学前教育三年行动计划。2014 年以来,上海市各个部门联合研究制定《上海市学前教育三年行动计划(2015—2017 年)》《上海市学前教育三年行动计划(2019—2021 年)》。区级层面也同步跟进,例如徐汇区和普陀区制定实施学前教育三年行动计划,加强学前教育改革与发展的制度设计,分步实施,逐步落实改革举措,不断完善学前教育教养体系。

二是协同合作,互联互通。建立多方主体多层次参与的制度设计格局,有效沟通做好各方擅长的事务。黄浦区形成部门合作机制,有效实施 0—3 岁科学育儿指导,联手妇联、卫计委等部门,建立全市首家"区域 0—3 岁婴幼儿科学育儿

---

① 江鸿波.论"三圈三全十育人"的时空意蕴[J].思想理论教育,2019(10):103 - 106.
② 上海市教育委员会.2018 年上海市教育工作年报[EB/OL].(2019 - 04 - 05).http://edu. sh. gov.cn/xxgk_qtgz_jygznb/20200514/0015-gw_9042019001.html.

数据服务平台",通过界定权限、明晰流程,进一步完善区0—3岁婴幼儿科学育儿指导服务领导小组、指导小组、工作小组三级管理网络和区、街道、居委会三级工作流程制度,建成以学前教育机构为主,重视调动社区参与0—3岁早教工作的积极性,向社区、家庭辐射的0—3岁科学育儿指导服务体系和政府主导、多方参与的网格化、立体式的服务格局。

(二) 建立长效机制,提升教育质量

重视幼儿的身体和心理健康,在培养方式和培养观念改变的同时,通过保健教师配备、与园外机构合作等形式确保幼儿身心健康成长。

一是加大学前教育教师队伍建设力度。推进落实本市3岁以下幼儿托育机构从业人员与幼儿园师资队伍建设三年行动计划,扩大学前教育专业人才培养规模。针对教育现代化指标进行监测,推进落实教师的学历等指标达成度。通过调研公办幼儿园保育员、营养员、卫生保健人员等的配备和待遇情况,指导各区足额配备幼儿园教职员工。[①]

二是加强课程建设。追求课程质量,实现儿童学识、身心同步健康成长。黄浦区依托科研、教研和培训,开展多途径、全方位的研究,以指导幼儿园完善课程方案的结构完整性、内容科学性、操作可行性为抓手,引导幼儿园追求基础课程实施"讲规范""重保障""求质量"。学前教育基础课程呈现"坚持游戏为基本活动,强调学习方式的低结构、游戏性和情境化,强化幼儿与环境的互动性、体验性与多元性"的显著特点,逐步实现区域整体"夯基础、筑高台"的目标。长宁区深入推进幼儿园童趣课程实施计划。围绕启蒙学习,在"主题—运动"项目的基础上,开展童趣课程建设。在区域童趣课程实施方案的框架内,成立项目核心研究小组和幼儿园合作共同体,完善各幼儿园课程实施方案,开展具有园所特色的童趣课程实践研究,为儿童终身学习奠定基础。宝山区开发研究以儿童生活为基础的园本特色课程,探索与新课程理念相宜的创新的幼儿园活动样式,形成全区可复制、可推广的经验。

三是探索"医教结合"长效模式。结合学前教育对象的特点,针对需求探索实施"医教结合"运行模式。黄浦区学前教育率先通过建立学前教育"医教结合"

---

① 上海市教育委员会.2019年上海市教育工作年报[EB/OL].(2020 - 04 - 23)[2020 - 05 - 25].http://edu.sh.gov.cn/xxgk_qtgz_jygznb/20200514/0015-gw_9042020001.html.

组织架构,从机制上保障区域学前"医教结合"的可能性与可行性。该区学前教育在全市率先实现了"医教结合"以及"从特殊儿童覆盖到每一个在园儿童""从3—6岁延伸至0—6岁""从保健管理转向儿童健康研究"的三大转变。宝山区积极开展幼教"医教结合"试点,建立医生进幼儿园工作机制,提升幼儿健康素质。

四是强化管理服务。树立内涵建设意识,在园区内外管理上实现制度保障。宝山区启动幼儿园内涵发展捆绑结对项目,确定 10 所优质幼儿园作为内涵发展基地,对有争创市一级园目标的市二级幼儿园进行聚焦式带教,不断提升区内各幼儿园的办园品质;杨浦区通过一园一规划、一园一章程、一园一方案这"三个一"项目提升幼儿园三大管理支柱质量;"集团化办园"项目提升幼儿园办园整体质量;"工作室"项目孵化课程特色;"幼小衔接"项目杜绝幼儿园教育小学学科化倾向;等等。

(三)增进示范效应,实行雁阵发展

充分发挥综合改革经验的溢出辐射作用,推进先进案例示范指导效应。实现途径包括区域内纺锤形教育体系的构建和区域间学习借鉴等多种方式。

一是龙头带动,示范引领。以示范幼儿园为龙头,采用科学规划方式带动其他幼儿园发展。例如:黄浦区注重发挥示范幼儿园作为龙头园所的主观能动性,示范性幼儿园率先确立"1+X"辐射引领计划,"1"为当前区域学前教育发展重点(第一轮为质量监测与保障),"X"为示范园特色经验辐射,通过"1+X"计划招募成员后组建的共同体更体现园际发展与研究的同质需求,内容上也更能紧扣重点、突出亮点,让志同道合的园所围绕共同的需求、问题和挑战来共同学习、共同研究、共同发展;松江区设计、推动以市示范性幼儿园、市一级幼儿园领衔的包括 4 个梯队、73 个组别的公、民办一体化结对联动系统建设,实现了区域内优质教育资源、经验的互通与共享。

二是质量建设,共同发展。通过高质量特色课程体系建设,实现各级幼儿园共同课程的良性调整。创新推进"大健康"学前教育特色课程体系创建的研究与实践,构建区本"品质生活""快乐运动"课程特色,提升各级各类幼儿园共性课程实施质量。适时调整、统筹推动全面保底发展和攻坚优质发展。

三是群雁成阵,系统建设。以文化建设为源头引领,系统推动学前教育阵群化建设。通过头雁引领支撑、雁群主体合力,启动包括文化理念、文化实景、文化活动、文化践行和文化传播的松江区学前教育"雁阵文化"系统建设;通过头雁引领示范、雁群跟进助力,强化幼儿园发展的顶层设计和系统思考,在实践中攻坚幼儿园的特色化建设和个性化发展。

在顶层制度设计与扎实推进执行组合拳的驱动下,上海市学前教育向着既定的公益普惠方向大步迈进。据不完全统计,2014—2019年期间,上海市增加幼儿园200余所,年均增量在30所以上。目前上海市公办幼儿园覆盖率(含办园点数)已超过60%,[①]全市公办园在园幼儿占比达到70%,学前三年毛入园率已达97%,远超国家2020年达到85%的目标[②]。在师资方面,幼儿园入职教师均要经过严格的见习考核培训方能上岗。目前全市所有幼儿园保教人员均达到"上岗必有证、在岗必有训"的状态。以公办为主导的学前教育资源保障机制已卓有成效。总体来看,综改系列举措保障了适龄幼儿的入园需求,整体提升了学前教育质量,满足了社会对公平、科学、优质学前教育的期盼。

三、多重组合拳推动基础教育一体化均衡发展

为促进基础教育优质均衡发展,上海市从促进硬件均衡和内涵均衡两个维度同步发力,打好资源配置组合拳。

(一) 推行基本统一的义务教育学校办学五项标准

上海市出台《促进上海城乡义务教育一体化的实施意见(暂行)》,构建了义务教育阶段学校基本建设、设施设备配置、信息化建设、教师配置与收入标准、生均经费等五项全市基本统一的标准,为城乡教育一体化发展保驾护航。例如:在学校建设标准上,提出建设和改造"一场一馆一池"(学生剧场、室内体育馆、室内游泳池);在优化学校教育装备配置上,提出以学生(发展需求)为中心的学习环境建设;在学校信息化环境建设上,实现所有中小学教师移动终端配备达到师机比1∶1;在教师均衡配备方面,每所小学至少有1名高级教师,每所初中至少有

---

① 上观新闻.上海学前教育:公民办普惠性学前教育覆盖率达85%[EB/OL].(2019 - 09 - 04)[2021 - 01 - 07].http://edu.sina.com.cn/ischool/2019 - 09 - 04/doc-iicezueu3306962.shtml.

② 文汇报.沪适龄幼儿学前三年毛入园率达99%普惠性幼儿园占65%[EB/OL].(2019 - 08 - 30)[2021 - 01 - 07].http://sh.sina.com.cn/news/k/2019 - 08 - 30/detail-iicezzrq2267008.shtml? cre=tianyi&mod=pcpager_focus&loc=5&r=9&rfunc=76&tj=none&tr=9.

5％的高级教师,培训经费不低于学校年度公用经费预算总额的 10％,农村教师培训经费高于城区;推行全市基本统一的义务教育生均基本定额标准,小学为不低于每生每年 23500 元,初中为不低于每生每年 29000 元。①

（二）深化学区化集团化办学和新优质学校集群式发展

"学区化"办学,即以一定的区域范围为界,在这个范围内的学校,其教育教学资源（包括师资、特色教育资源、硬件设施等）提倡共建、共享、共用。"集团化"办学,则实行"单一法人"制度,即集团内的学校都只拥有同一个校长,由优质学校带动薄弱学校,并对优质学校提供经费补贴。区域内新引进的学校,新建校舍、解决教师编制等问题由区政府负责;派任校长、提供课程资源等由引进学校的校本部来负责;与此同时,每年新招的教师会提前一年到本部进行跟岗培训,学习他们的理念、课程等,并增加相互间开设教学讲座、教师培训的互动,以实现优质教育资源的辐射带动效应。此外,上海市还着力打造一批"不挑生源、不集聚资源、不以分数排名为教育追求"且育人质量过硬的新优质学校,鼓励其集群式发展。

（三）创新优化郊区教育资源布局模式

首先,对口交流,通过名校定点帮扶提升郊区学校办学水平。由 7 个中心城区与 9 个郊区建立教育对口交流合作机制;由上海中学、上海实验学校、复旦附中、上海交大附中等名校,赴郊区创办分校或托管举办附属学校,实现定点帮扶和高起点办学;推进中心城区品牌义务教育小学、幼儿园到大型居住社区和郊区新城公建配套学校对口办学;实施郊区农村义务教育学校委托管理机制,重点托管郊区新开办学校和提升办学水平意愿强烈的学校;等等。其次,通过柔性流动、"双特"教师项目激活上海郊区教育。实施"特级校长、特级教师流动项目",鼓励"双特"教师从市区学校到郊区支教,用自身知识为郊区学校带去积极变化。特级教师在流入学校不仅进行课堂授课,往往还承担着青年教师或骨干教师、区工作室等的带教任务,并利用自身优势为流入学校教师引入资源、搭建平台,带动区域教研水平的提升。此外,新晋获评并参与流动的特级校长,则通过制度规范和学校特色项目,促进学校内涵发展。他们担任流入学校法人后,梳理、规范、

---

① 潘晨聪.上海综改:攻坚克难,勇趟教改"深水区"[J].上海教育,2017(29):10-14.

完善学校管理制度，让各项工作正常运转并结合自身资源和流入学校本身特色，通过形成学校的特色项目来提升内涵建设。[①] 上海市已选派黄浦、静安等中心城区的 9 名新晋特级校长、50 名新评特级教师分赴 8 个郊区的 9 所学校开展工作。自该项目实施以来，大力促进人才的柔性流动，通过发挥特级校长、教师的示范引领和辐射作用，不仅激活了郊区教育，给流入学校的师资队伍建设、教研质量带来深刻变化，也使"双特"教师在新的舞台上得到历练和成长，有效促进了基础教育的优质均衡发展。

四、多形式贯通搭建立体化职业教育体系

上海市以《上海现代职业教育体系建设规划（2015—2030 年》为基础，深入探索"中职—专科高职""中职—应用型本科""专科高职—应用型本科"等多形式贯通试点，搭建立体化职业教育学制体系。

（一）形成"中职—专科高职"贯通培养模式

中高职贯通培养有利于进一步整合中高职院校资源，加速高素质技术技能人才培养。上海市通过改革探索，积累的主要经验如下。第一，稳慎遴选适合开展贯通的专业。通过贯通试点聚焦机械设计制造、自动化等专业类。第二，加强贯通课程设置与学业水平测试。上海市明确要求设计与实施"中职—专科高职"贯通培养方案的一体化，为落实相应文化基础课教学要求，参加"中职—专科高职"贯通培养的学生，必须参加中职生语文、数学、英语等文化基础学科学业水平合格考试。

（二）形成"中职—应用型本科"贯通培养模式

2014 年 9 月，上海市首推"中职—应用型本科"贯通培养模式，在 3 所中职学校和 2 所本科院校进行试点。[②] 之后，不断扩大试点规模。上海市"中职—应用型本科"贯通培养模式的主要做法如下。第一，明确试点专业遴选标准。上海市明确参加"中职—应用型本科"贯通培养的中职试点专业，必须是行业岗位技术含量较高，技术技能训练周期较长，熟练程度要求较高，社会需求量较大且需求较为稳定，适合中职和本科培养目标相互衔接贯通的专业。第二，明确试点专

① 董少校."双特"教师流动激活上海郊区教育[N].中国教育报，2017－09－23.
② 彭薇，彭德倩.上海首推中职教育—应用本科教育贯通培养模式[N].解放日报，2014－03－18.

业招生对象。招生对象为符合当年上海市中等学校高中阶段招生报名条件的上海户籍应届初三学生。中本贯通培养试点方案按照 7 年学习年限,进行一体化的设计与实施。第三,明确转段考试录取方式。中职阶段学成后,参加试点的学生必须按照国家和上海市规定,参加转段考试。转段考试由文化课考试和技能水平测试组成,其中文化课成绩和技能水平测试成绩各占 50%。

（三）形成"专科高职—应用型本科"贯通培养模式

上海市高职院校、本科院校以及相关行业企业共同制定和实施"高本贯通"人才培养方案,探索五年一体化技术技能人才贯通培养新模式。"专科高职—应用型本科"贯通培养模式的主要做法如下。第一,明确招生考试录取方式。把试点专业纳入高职院校高考招生专业目录,通过秋季全国统一高考招生。第二,建立相应学习年限周期。试点专业的学习年限一般为 5 年,操作上采取"3＋2"的学制模式,前 3 年在高职院校学习,后 2 年在本科院校学习。第三,构建"一体化"培养模式。要求参加试点的本科院校牵头负责、高职院校参与,根据经济社会需要和企业相关岗位要求,结合国家相关职业（行业）标准和职业资格鉴定考核要点,融入国际水平职业资格标准,一体化设计专业人才贯通培养方案。第四,明确学历学位证书授予模式。对完成前 3 年专业教学计划规定课程、考试成绩合格且符合专科高等教育毕业条件的学生,授予高职院校毕业证书;对修满"专科高职—应用型本科"贯通培养计划所有学分、考试成绩均合格的学生,按照本科院校学籍管理规定和学位授予办法,颁发本科学历和学位证书。

截至 2019 年,上海市共设置了 191 个中高职贯通专业点,58 个中本贯通专业点,已占普通中职专业总数的 40%,12 个高本贯通专业点,初步形成"中职—专科高职—应用型本科"纵向完整的培养体系。[①]

五、服务个性化需求形成泛在可选的终身教育体系

上海的终身教育一直走在全国的前列,通过搭建衔接融通的终身教育立交桥,服务上海市民个性化学习需求,形成泛在可选的终身教育体系。终身教育的"泛在"体现在两个层面:一是机会和资源的泛在,二是学习者的泛在。让每一位

---

① 上海市教育委员会.2019 年上海市教育工作年报［EB/OL］.（2020 - 04 - 23）［2020 - 04 - 27］. http://edu.sh.gov.cn/xxgk_qtgz_jygznb/20200514/0015-gw_9042020001.html.

市民都成为学习者，这是"泛在"的基础。"可选"首先体现为教育资源的丰富，还体现在精准把握学习者的个性化需求，让终身教育成为城市发展的一道风景线和新名片。[①] 主要经验如下。

（一）实施学分银行制度，搭建学分转换互认通道

上海市于 2011 年开始启动探索学分银行制度。它是面向上海市民，以学分认定、积累和转换为主要功能的学习成果认证管理中心和学习成果转换服务平台。其主要功能在于：一是以面向全体市民建设个人学习档案库为基础，建立终身教育发展的学习成果管理与服务系统；二是通过学分互认和转换，构建纵向衔接、横向沟通的终身学习"立交桥"，促进学历教育之间、学历教育与非学历教育等各类教育之间的沟通衔接。[②] 目前，上海市社区教育、老年教育、企业教育等课程的学习成果信息已经集中存入学分银行；建成了由 21 个区分部和 68 个高校网点组成的学分银行服务网络，能够为 423 个职业证书进行学历教育学分转换，为 5267 门社区教育休闲课程提供认证，初步形成终身教育课程认证和学习成绩积累的运行机制。与此同时，实施在岗人员职业资格证书、技能证书等职业培训成果与学历教育学分的认定和转换，累计覆盖在岗人员数量超过 37.3 万人次。[③] 在长三角区域一体化战略指导下，2019 年三省一市教育主管部门共同建立长三角开放教育学分银行平台，面向三省一市终身教育学习者开放。目前该平台已经开始统一身份认证。

（二）构建各类教育网络，建设可持续发展的学习型城市

上海市在终身教育体系建设过程中，坚持包容、公平和可持续发展理念，通过全市开放远程教育办学系统和上海市学习型社会建设服务指导系统，推动终身教育体系和学习型城市建设。其一，构建市、区、街镇、居村委四级社区教育网络和老年教育网络。目前，上海市已形成完整的社区教育和老年教育网络。其中，区级社区学院/老年大学 81 所，街镇社区学校/老年学校 212 所，村居委学习

① 袁雯.让终身教育泛在可选　助每一位学习者终身发展[J].上海教育,2019(10):19.

② 上海市教育委员会,上海市学习型社会建设与终身教育促进委员会办公室.关于做好本市社区教育、老年教育课程学习成果信息集中存入上海市终身教育学分银行工作的通知[EB/OL].(2016-09-29)[2020-02-10].http://www.sh148.org/web/shlaw/42041.htm.

③ 上海市教育委员会.2018 年上海市教育工作年报[EB/OL].(2019-04-05)[2019-08-16].http://edu.sh.gov.cn/xxgk_qtgz_jygznb/20200514/0015-gw_9042019001.html.

点 5800 多个,还有数以万计的楼组/睦邻点/中心户/宅基课堂。① 其二,提供类型多样、内容丰富的终身教育资源。上海市有 1 所开放大学,61 所高校继续教育学院,19 所高校开设自学考试。2013 年上海市首创市民终身学习体验基地建设,依托科技、文广、宣传等部门的优质公共文化和科技资源,创建"上海市民终身学习体验基地",为市民搭建一个突破学校围墙的体验式、互动式的学习新平台。② 目前,全市市民终身学习体验基地有 130 个。上海市还开展了上海市民终身学习人文行走项目。市民终身学习人文行走工作已经扩大试点至 11 个区,形成"7 个一"(一张地图、一本手册、一组视频、一组语音、一组二维码、一块学习分享区域、一队志愿者)建设标准,成立特聘专家团及导师团队,建设红色文化、江南文化及海派文化三类人文行走线路。2019 年,市民终身学习人文行走项目共有 500 多个点,50 多条主题线路,全年参与活动人数约 100 万人次。③ 其三,创建"上海学习网",为广大学习者提供全方位、个性化的学习云服务。在上海,网络成为市民终身学习的新天地。截至 2018 年底,"上海学习网"注册用户数已达 443 万,在线课程 3 万多门,各类电子书刊 7 万多册,有声图书 6000 本,在线试卷 15 万套。组建老年教育慕课联盟,培育制作 86 门课程上线,平台集中式组班 101 个,用户学习人次为 2.3 万人次。④ 老年人、青少年、白领、一线职工及外来务工人员、残障人士都能获得便捷的学习机会。

（三）建立市民终身学习需求和能力监测制度

上海市加强终身学习需求与能力监测研究院建设,完善市民终身学习监测体系的制度建构,探索建立常态化监测运行模式。2018 年,上海市召开市民终身学习需求与能力监测研究阶段性成果发布会,向全社会公开上海市民终身学习能力与需求监测指标和首次监测结果,宣告上海成为全国第一个将市民学习

① 上海教育.国际学习型城市大会分享"上海经验" 上海成为"教育促进可持续发展的主题协调城市"[EB/OL].(2019 - 10 - 09)[2019 - 12 - 15]. http://edu. sh. gov. cn/web/xwzx/show_article. html? article_id=103076.

② 李珺.改革开放四十年上海成人教育的发展脉络、特点及未来趋势展望[J].高等继续教育学报,2018(3):15 - 20.

③ 上海市教育委员会.2019 年上海市教育工作年报[EB/OL].(2020 - 04 - 23)[2020 - 05 - 26]. http://edu.sh.gov.cn/xxgk_qtgz_jygznb/20200514/0015-gw_9042020001.html.

④ 上海市教育委员会.2018 年上海市教育工作年报[EB/OL].(2019 - 04 - 05)[2019 - 10 - 24]. http://edu.sh.gov.cn/xxgk_qtgz_jygznb/20200514/0015-gw_9042019001.html.

能力和需求监测纳入学习型城市建设总体制度框架的城市。①

六、教师分类管理引领人事管理制度创新

上海市教育综合改革实施以来,对学校人事管理制度尤其是高校人事制度进行了大刀阔斧的改革,很多改革举措走在全国前列。根据不同学校、不同学科、不同岗位教师进行分类管理的模式逐渐完善;教师队伍的发展、流动更加灵活多样;教师的国际化水平进一步提升。

(一) 建立高校教师分类管理模式,深化人事管理制度改革

上海市高校根据学科、专业、岗位的不同,建立相应的分类考核、管理、评价模式。探索高校教师分类考核评价、高校教师队伍配置标准、地方高水平大学长聘教职制度改革、高校合同制科研队伍建设改革、高校行政管理人员职员职级制改革、职业教育"双师型"教师队伍建设等。推动高校对处于不同职业发展阶段、不同发展平台的教师进行分类考核,进一步提升教师考核评价的科学化水平。探索高校分类督导评价,扩大高校在人事薪酬管理方面的自主权。改进高校编制及岗位管理制度,继续推动建立市属高校编制动态调整机制。不断深化高校职称制度改革,优化高等学校高级专业技术职务结构比例设置。扩大高校收入分配自主权,进一步完善绩效工资总量按高校分类考核评价结果进行统筹分配的办法。

(二) 加强高层次人才队伍建设,推动学校整体发展

优化人才分类评价体系,突出品德、能力和业绩导向,不仅有利于提升教师考核评价的科学化水平,同时也可以助力优秀教师的专业化发展,进而推动学科乃至学校整体建设。上海市持续加强青年英才专业发展体系构建和平台支撑,全面实施高校教师专业发展工程。举办国际青年学者论坛,延揽海外优秀青年人才。建设大数据支持平台,推进高校"国际人才数字画像库"建设,搭建高层次人才服务平台,探索为高层次人才引进和日常管理提供"一门式""管家式"服务。深入推进创新团队建设,以创新团队建设推动上海高水平地方大学建设,在第三批试点高校选拔若干创新团队。深入推进本科教学教师激励计划。在完成国家

---

① 上海市教育委员会.2018 年上海市教育工作年报[EB/OL].(2019 04－05)[2019－10－24].
http://edu.sh.gov.cn/xxgk_qtgz_jygznb/20200514/0015-gw_9042019001.html.

相关人才培养计划的基础上,启动东方学者和青年东方学者的遴选工作。加大对青年学者的支持力度,遴选和培养青年拔尖人才。完成文化名家暨"四个一批"人才、"万人计划"哲学社会科学领军人才推荐选拔工作。加大对师资博士后的培养,推动青年教师师资博士后制度。完善上海高校特聘教授(东方学者)管理办法,增加支持力度,扩大支持数量。

（三）健全教师离岗创业制度,激发创业创新活力

为助力上海全球科创中心建设,加强科研创新能力,上海市积极探索针对高校科研人员的科创新政,深化人才发展体制机制改革。鼓励高校教师参与国家级科创中心建设,促进高校科技成果转化。推动科创成果转化的立法工作,保护知识产权,实施税收优惠政策。鼓励符合条件的高校专业技术人员到校外兼职和离岗创业,激发创新创业活力。通过高校建立知识服务平台,建设市级协同创新中心。落实科创中心人才政策,推进高校在编制限额内自主引进人才、职称不作为人才计划申报的限制性条件等工作。

七、教学激励和教师培训助力教师专业发展

上海市十分注重持续提升教师的能力素质,多措并举,强化教学激励和教师培训,全方位助推教师职业发展,取得了较为丰富的经验。

（一）加强教学绩效考核,推行教学激励计划

完善上海高校青年教师助教工作制度,加强对教师教学绩效的考核,改善高校教师工作条件。试点推行高校骨干教师教学激励计划,激励计划专项经费主要用于教师工作量补贴、超工作量补贴、指导青年教师、教学研讨、教材(课件)编写、课程建设劳务等。引导学校将本科教学教师激励计划与教师晋升等人事制度改革相结合。结合学校专项督查,促进高校落实教授为本科生上课、青年教师担任助教工作制度。扩大高校收入分配自主权,进一步完善绩效工资总量按高校分类考核评价结果进行统筹分配的办法。鼓励高校将激励计划资金分配与教师绩效考核结果挂钩,优绩优酬。

（二）增强教师创新意识,完善教师全过程培训工作

重视和促进每一位教师的专业发展,鼓励教师勇于探索,改革教育教学方式,创新教育实践,不断提高培养创新人才的能力。以增强教师创新意识、创新

精神和创新能力为重点,实施教师素质提升工程。加强高校青年教师培养工作,完善高校青年教师培养资助计划,建立健全新任教师岗前培训制度,并覆盖到高职高专院校。设立青年教师创新基金,资助青年教师运用信息技术等新手段,开展跨学科、跨学校、跨地区的创新教学和科研活动。加强对青年教师创新能力的培养,鼓励教师不断探索教学创新和积极参与企业创新活动,将教师的创新实践和成效纳入教师职务晋升、考核评价指标体系,逐步形成以业绩贡献和能力水平为导向的教师评价机制。

完善相应的制度和政策,为教师提供创造性发挥智慧的宽松教学、科研环境。建立市级师资培训基地,完善教师升职、聘任制度,推进高校教师全过程培养。完善上海高校人才工作联盟平台,加强人才协作和科研创新。做好有关人才计划申报推荐工作,加大对人才发展的支持力度。加强青年英才专业发展体系构建和平台支撑,全面实施高校教师专业发展工程。做好教师专业发展工程各项目计划的实施工作。继续实施高校新教师岗前培训和教学科研启动资助计划。完善师资博士后管理办法,扩大师资博士后招收规模,提升师资博士后支持力度。继续实施高校青年英才揽蓄工程,重点选拔海外优秀青年人才,打造上海高校青年英才"蓄水池"。实施教师国外访学进修计划、国内访问学者计划、产学研践习计划、实验技术员队伍建设等教师专业发展工程项目。复旦大学、上海交通大学教师教学发展中心成为国家级教师教学发展示范中心,通过构建教师学习共同体,推动教学模式创新。在幼儿园和中小学阶段,推行新任教师资格证书和规范化培训合格证书"双证"注册制度,新任教师须接受1—2年见习培训,经考核合格后方能上岗。

（三）完善教师交流访学制度,实施国际化师资培养计划

完善教师交流访学制度,为教师出国交流学习创造更多机会。上海市出资建立高校教师访学专项基金,实施上海高校国际水平师资培养计划,支持高校教师境外学习。举办高职高专院校专业主任培训,开展高职院校骨干教师"中德合作"培训。

八、分类管理推进高校多元特色发展

分类管理是国际通行的、促进高校多元化发展的管理模式。上海基于克服

同质化办学倾向、促使高校各安其位、提高资源配置效率的内在要求,从整体上提升上海高等教育质量,加快推进高等教育强国建设,立足国情市情、因地制宜提出了推进高校分类管理改革。改革的整体思路是注重政府引导、高校自主和社会参与三者的结合,培育"同类竞争、多元发展"的高校生态,并加以系统性配套改革保障。

(一)　建立分类管理体系,鼓励高校科学定位科学发展

建立分类管理体系,有利于高校明确发展定位,避免同质化竞争,促进高校科学发展。上海市注重高校分类框架的设计与分类管理政策相互衔接,分类体系与配套的资源配置策略和制度安排相辅相成。出台《上海高等教育布局结构与发展规划(2015—2030 年)》,科学规划高等教育整体发展布局,合理确定各类高校功能定位、有效进行分类管理和评价。制定全国首部地方性高等教育法规《上海市高等教育促进条例》,以法律法规明确高校分类体系,按人才培养主体功能和承担科学研究类型划分为学术研究型、应用研究型、应用技术型和应用技能型四种类型,按学科专业设置和建设划分为综合性、多科性、特色性三种类型,形成"十二宫格"高校分类体系。此举有利于引导高校按照主干学科门类(本科与研究生)或主干专业大类(专科)建设情况,聚焦发展重点,避免过度分散资源、过多设置缺乏相互联系和支撑的学科专业。

上海市出台《关于深入推进上海高校分类管理评价促进高等教育内涵式发展的指导意见》,推动分类管理思想融入高等教育管理各个环节,为全面实施分类管理确立制度保障。通过实施分类管理改革,高校自主明确发展定位,按照"政府政策引导、高校自主选择、社会参与评估"的基本原则,根据全市高等教育发展的整体布局和各高校发展规划,科学确定各高校在"二维"分类体系中的目标定位。通过分类管理和分类发展,鼓励高校找准服务面向的领域和行业,基于自身基础能力建立特色专业群,培养适应经济社会发展的特色人才,避免高校过度追求"大而全"。通过分类管理,上海高校进一步找准了办学理念和定位,促进了错位竞争和多样化发展,实现上海高校从"一列纵队"向"多列纵队"发展。例如:上海大学提出建设国际知名、国内一流、特色鲜明的综合性研究型大学的奋斗目标;上海应用技术大学确立了"培养卓越一线工程师摇篮"的办学定位,提出建设高水平、以工为主、特色鲜明的多科性应用技术型高校的发展路径;上海工

艺美术职业学院确立了建设特色性应用技能型院校的发展路径;上海电力学院定位为多科性应用技术型院校;上海海洋大学定位为多科性应用研究型高校。

(二) 建立健全分类评价指标,落实绩效评估强化激励约束

高校分类管理政策"根据高等教育分类框架建立起相应的激励和约束机制,通过规划方式明确高等学校各自的职责和分工,通过评估判断各类高校的办学质量和水平,并将其与资源配置特别是经费拨款联系起来,引导高等学校合理分工、科学定位、明确方向,不断提高质量和水平"。① 上海确立不同类型高校的分类评价指标导向,研究设计高校分类发展、分类评价指标体系。依据高校发展定位和建设的不同目标,对学术研究型高校、应用研究型高校、应用技术型高校和应用技能型高校给予不同侧重的评价导向,明确每一类别高校的发展要求和评价指标,并以此建立和逐步完善高校科学办学评价体系,引导和激励各类高校立足不同的办学定位办出特色、办出水平。同时,建立健全分类评价指标,有利于加强资金调控,落实绩效评估,强化激励约束。

2018 年上半年,上海市教委推出《上海高校分类评价指标(试行)》,开展高校分类评价工作。制定学术研究型、应用研究型、应用技术型和应用技能型四种类型高校评价指标,突出"中国特色",聚焦高校"五大功能",兼顾"综合性、多科性、特色性"学科专业发展特点,明确办学方向与管理水平、办学条件与资源、办学质量与水平、办学声誉与特色 4 个一级指标、13 个二级指标、35—40 个三级指标。坚持定量评价与定性评价、综合评价与单项评价、内部评价与外部评价相结合,既关注高校现有办学水平和办学绩效客观评价,也注重高校纵向成长发展评价,引导高校立足自身定位,不断提高办学水平和办学绩效。自 2018 年开始,每年进行分类评价工作。比如:定位应用研究型的共 10 所高校,10 所高校按得分划分为三个梯队;定位应用技术型的高校 17 所,划分为四个梯队。建立健全以办学绩效为导向、适应高校分类发展的人、财、物等办学资源配置机制。根据每所学校的办学定位和发展目标,在办学规模核定、人员编制、财政教育经费投入、基本建设等方面予以配套支持。更加关注高校办学绩效的拨款导向,体现保障与激励相结合,推动高校财政拨款逐步从"投入型"向"绩效型"转变,根据对学校办学水平的绩效评价结果,动态调整资源投入。体现支持高校在不同层次、不同

---

① 杜瑛.高校分类体系构建的依据、框架与应用[J].中国高等教育,2016(07):32-37.

领域办出特色的政策导向,促进不同高校聚焦一定的服务面向争创一流,推动高等教育的多样化、高水平的发展。①

（三）类型不同评价不同,强化评价结果运用

2015 年底,上海市率先开展高校分类管理改革的探索与实践,明确高校分类管理方向,推进"管办评"分离。2018 年首次开展高校分类评价,2019 年第二次开展,并将评价结果在多方面运用,导向作用逐步显现。强化评价结果运用,有利于减少重复建设,推动不同类型高校的差异化发展,鼓励同一类型的高校相互竞争和力争上游。

上海市还自主开发远程信息采集平台,完成第三方数据采集。召开年度评价反馈会,强化评价结果运用。对 61 所高校办学水平和办学绩效进行整体评价,分为高校自评、集中评价、实地督导和随机核查四个环节,经数据测算和专家评价赋分,形成分类评价结果,并对高校集中反馈。通过研究制定与分类评价结果挂钩的具体操作方案,提高对高校办学质量评估的针对性和政策调控的精准性,逐步将分类评价结果作为政府经费投入、基建规划、招生计划、人事编制、学科评审等教育资源分配管理,以及高校党政负责干部绩效考核的重要参考和依据,实现高校"类型不同、要求不同、评价不同、支持不同"。分类评价结果在应用技术型地方高水平建设试点学校遴选、内涵建设经费分配、市属高校党政负责干部考核、高校绩效工资分配动态调整等方面进行运用。② 上海通过分类管理形成分类规划、分类投入、分类评价的高等教育"双一流"建设新格局。从提升政府教育治理能力的角度来看,分类管理体系非常具有借鉴意义,具有广泛的示范效应。

九、校院两级管理改革激发办学活力

学院是大学各项主要职能的承担者,是大学各项职能性活动的实际组织者,也是高等教育管理体制中的一个基本行政层级。③ 深化校院两级管理体制,对于增强高校发展活力,建立和完善现代大学制度,推进世界一流大学和世界一流

①　杜瑛.高校分类体系构建的依据、框架与应用[J].中国高等教育,2016(07):32-37.

②　上海市教育委员会.上海市探索开展高校分类评价工作[EB/OL].(2019-03-05)[2019-08-21].http://www.moe.gov.cn/jyb_xwfb/s6192/s222/moe_1740/201903/t20190305_372206.html.

③　周川.学院组织及其治理结构[J].中国高等教育评论,2012(03):123.

学科建设具有十分重要的作用。完善校院两级管理机制是建立现代大学制度,实施大学内部治理结构改革的核心任务之一。21世纪初,上海高校就已经开始探索开展校院两级管理。比如,复旦大学早在2002年就试水两级管理改革,上海大学从2006年开始以"经费抓手、拨款模型"为切入点实施校院两级管理。教育综合改革以来,上海高校抓住机遇,着力完善现代大学内部治理结构;坚持重心下移,探索开展以二级学院为基本单位的综合改革,厘清校院两级权责关系,推动院系真正成为教学科研主体,激发院系办学活力。从完善大学内部治理结构、提升现代大学治理能力的角度来看,上海高校的校院两级管理改革侧重在校院权责划分、院系治理结构、组织机构架设等几方面出实招硬招,具有较大的借鉴价值。

(一) 理顺权力划分和权责关系,实现校院两级协同治理

校院两级管理体制改革最重要的步骤是理顺校院两级的权力划分和权责关系。目前许多高校均试图赋予院系更大的权力,但是并没有产生较为理想的结果,校院两级管理纵向分权不够明了、职责划分不够明确,影响和制约了学院活力的充分发挥。上海高校抓住教育综合改革机遇,着力完善现代大学内部治理结构。坚持重心下移,探索开展以二级学院为基本单位的综合改革,通过理清校院两级权责关系,推动院系真正成为教学科研主体,切实激发院系办学活力,实现校院两级协同治理。

近年来,上海交通大学的改革尤为引人注目。2015年起,上海交通大学开始研究和策划"协议授权"改革,提出了"院办校"改革,在"目标—手段"一致性、人性化制度设计和契约管理三原则下,开展了"院系综合预算"和"协议授权"两项改革,将学校部分"人""事""财""物"等方面的权责同步下放至学院,校院双方签订协议,赋予学院更大的自主办学空间,激发办学活力。校方与数个"院为实体"协议授权改革试点学院的院长签订《校院授权协议》,以书面形式明确学校、学院(系)双方权利和责任。[①]"协议授权"改革分为三个阶段进行。第一阶段以校部机关为主、自上而下地梳理责权清单,清单涉及人事管理、教学管理、财务管理、资产管理、科研管理、国际合作与交流等与学院办学紧密相关的各项事务。

---

① 杨颉.协同治理 协议授权——探索校院二级管理改革新路径[J].中国高教研究,2017(03):12-16.

列在清单上的各项事务又分为三类:已下放给院系的责权(如教师的聘期考核)、不宜下放给院系的责权(如正高师资的晋升与评聘)和经协商可下放给院系的责权(如教师的津贴标准)。这可以让学院了解到已经拥有了哪些自主权,又有哪些自主权可以去争取,同时也可以让职能部门更加明晰各自的工作内容和边界,主动改善相关工作。第二阶段由学校规划部门牵头与各学院协商中长期目标任务。以战略规划为依据的目标管理是上海交通大学开展战略管理的重要手段,"协议授权"改革正好与院系"十三五"建设目标的制定工作相结合,形成了"院系'十三五'建设协议书"。协议书中涵盖了学科建设、党建、学生工作、院为实体和综合预算改革等全方位的工作内容,同时也明确了学校的责任,特别明确了人员编制、经费和政策等支撑院系办学的基础性保障。在制定建设任务的过程中,学校更多地结合学院的学科特性、发展阶段以及自主发展意愿等多方面因素,把目标任务分为核心指标、指定指标和自选指标三类。核心指标是根据学校总体战略目标设立的面向全体学院的统一指标,体现了学校的总体建设目标;指定指标是根据各学院学科特色或发展短板所设定的个性化指标,体现了学校对学院的差异化指导;自选指标是学院根据自身特色和工作重点自主提出的建设指标,体现了学院的自主发展意愿。"院系'十三五'建设协议书"是校院对工作任务达成的共识,最终由学校党委书记和校长代表学校与各院系的主要负责人共同签署后生效。校院先商定发展目标,后商讨政策授权内容,强调授权的目的是发展,避免院系要权的盲目性以及院系间的攀比心态。第三阶段以院系为主,根据完成自身目标任务的需要,自下而上地提出需要授权的具体政策事项,与相关部门就可授权事项达成一致意见,并签署"政策授权协议"将学院的责权予以明确。"政策授权协议"的作用仅为明确校院间的责权划分,为推进政策落地还需要制定两份规范化文件:一份是"政策授权协议"的实施细则,用以明确校院间具体事务的操作规范;另一份是"学院内部管理制度",规范授权事项在学院内部的决策程序和办事流程。[①]

(二)　完善院系治理结构,提高学院治理水平和办学能力

"校为统筹协调、院为办学实体"是当前世界一流大学普遍采用的治理模式。

---

① 杨颉.协同治理　协议授权——探索校院二级管理改革新路径[J].中国高教研究,2017(03):12-16.

二级学院作为高校基层学术组织单位,是学校各项职能的直接承担者和组织者,是教师发展、学生发展的重要场域,是学校建设、学科建设的主阵地,更是各级各类高校、不同学科实现全面发展的着力点。在大学治理重心不断下移的进程中,越来越多的管理权限和资源聚集在学院,完善二级学院治理结构是当前实现我国大学治理体系和治理能力现代化的关键。上海高校以教育综合改革为契机,不断完善院系治理结构,提升治理水平,推动学校事业稳步发展。

以上海财经大学为例。该校早在2003年就启动校院两级管理体制改革。教育综合改革以来,校院两级管理改革不断完善。在现行大学制度框架下,学校借鉴国外高校院系学术管理与行政管理适度分离的思路,以权力制衡和提高效率为目标,设计了由二级党组织、行政班子、教授委员会、二级教代会构成的既分工明确又相互合作、相互制衡的"四位一体"院系治理结构,并不断加强基层党组织建设。为发挥专家教授在学术咨询与决策方面的作用,将学术管理从现行高度集中的行政管理架构中分离出来,建立并实施院系教授委员会制度。为进一步强化民主管理与监督,推行二级教代会制度,进一步强化民主管理与监督。在此基础上,界定院系党组织和行政班子的不同职责,逐步确立了分党委(总支)、行政班子、教授委员会和二级教代会"四位一体"的院系治理结构。经过十多年的探索,目前各学院已全面实施"四位一体"治理结构:二级党组织发挥政治核心作用,对本部门实行政治领导、思想领导和组织领导;行政班子负责行政事务;教授委员会负责学术事务;二级教代会通过监督评议,发挥民主管理作用。通过"四位一体"治理,形成了良好的治理体系,有力调动了院系层面的办学活力。学校还鼓励各院系积极参照世界一流大学院系内部治理经验,大胆探索学院委员会体系。以经济学院为例,除已有的教学指导委员会、教授委员会、学术委员会等常规委员会外,该学院设有人才培养类、学术活动类、人事行政类、信息技术类、外联文化类、其他类6大类别19个分委员会,全院教师可根据岗责、专业、兴趣和特长自行选择加入。学院委员会体系对于进一步建立健全学院不同层次议事制度,更大限度调动教师参与学院内部治理,增强其主人翁意识和认同感,提升院务决策的科学化、民主化和现代化水平,具有重要意义。

(三)开展学部制、大部制改革,形成学校事业发展的凝聚效应

许多高校的二级实体学院往往设置过多过细,造成学科、人力资源、课程设

置等资源分散,成为整合资源、推进学科交叉融合、培养创新人才的壁垒。随着高校管理体制改革的深入,近二十年来,一些高校开始探索学科学部制或行政大部制改革。学部制或大部制改革涉及人、财、物等资源的重组优化,面临不少困难和挑战。部分上海高校在教育综合改革过程中,探索开展大部制或学部制改革,淡化行政级别,注重统筹协调,形成了学校发展的凝聚效应。

比如,华东师范大学在优势学科领域推进多模式的学部制改革:根据地学领域一级学科较多的特点,成立非实体的地球科学学部,下设地理科学学院、城市与区域科学学院、生态与环境科学学院、河口海岸科学研究院;同时,整合学校强势的教育相关学科,成立实体的教育学部,下设 27 个教学科研单位,同时学部不设行政级别,淡化行政色彩;此外,还整合成立实体的经济与管理学部。现有三大学部成立后,学校加大人、财、物方面的放权力度,推动管理重心向下转移。[①] 再如,上海大学也大刀阔斧实行了大部制、学部制改革。通过学部制改革,使得基层学院凝聚在一起产生拳头效应,实力大大增强。由于高校管理体系缺少顶层设计,职能划分过细,部门设立过多,造成很多事情需要数个部门共同参与才能完成,协调花费大量的时间,还容易出现扯皮现象,大大降低工作效率。为此,上海大学尝试重构相应的职能部门和工作流程,改进管理效果,优化管理流程。该校撤销党办和校办,组建党政办,由此拉开了大部制改革的序幕。党政办的建立使行政人员精简了 25%,处级干部由 14 人减至 9 人,清理退出的审批事项占原审批事项比例约 50%,同时也大大缩短了审批周期。整合党委组织部和人事处,组建组织人事部,开创党政齐抓共管人才队伍建设的新局面。

十、投入机制改革推动高等教育内涵式发展

上海市高等教育投入机制改革的思路是,以规划为引领,以投入和评价为手段,构建基于战略规划的省级政府教育统筹机制。上海市教育委员会印发的《关于进一步完善高等教育投入机制的若干意见》提出:高等教育投入机制改革的主要任务是建立"三个机制",即建立以基本办学经费和内涵建设经费为主的经常性投入机制,建立以教育改革发展重大项目为导向的市级统筹投入机制,建立以提高教育项目支出效益为目标的综合监督评估机制;近期目标是实现"三个打

---

① 徐瑞哲.办学自主权下放:按"大部制"学部改革,二级学院为主办校[N].上观新闻,2016 - 06 - 07.

通",即打通生均公用经费与经常性专项经费的使用、打通"十大工程"专项经费与地方高等教育内涵建设相关经费的使用、打通用于教师队伍建设经费的使用;远期目标是促进"三个转变",即从以专项投入为主向经常性投入为主转变、从分散投入为主向学校整体投入为主转变、从以硬件投入为主向以软件投入为主转变。① 从提升政府教育治理能力的角度出发,上海市提出的高等教育投入机制改革要建立"三个机制"特别具有借鉴意义。

(一) 建立以基本办学经费和内涵建设经费为主的经常性投入机制

上海市建立以基本办学经费和内涵建设经费为主的经常性投入机制,有利于优化高校经费结构,落实高校办学自主权,增强学校自主发展能力。以财政生均综合定额为分配依据编制基本办学经费预算,主要用于学校办学基本运行等方面;以项目任务整合为主要方式编制内涵建设经费预算,主要用于教学改革、学科建设、教师发展和国际化交流等方面,在具体使用上由高校按照发展规划和内涵建设要求自主安排。在实践中,从 2016 年部门预算编制起,上海市将地方高校原来的人员经费、公用经费和项目支出归并整合为规范统一的生均综合定额,制定生均综合定额标准体系。同时,将部分内涵建设资金,按额度"整体打包"下达地方高校,内涵建设经费与基本办学经费打通使用。2016 年,上海市委、市政府印发《上海市深化高校改革建设高水平地方高校试点方案》,提出要扩大高校经常性投入自主统筹权。深化市级财政高等教育投入机制改革,确保高校经常性经费投入占比不低于 70%。

(二) 建立以教育改革发展重大项目为导向的市级统筹投入机制

上海市建立以教育改革发展重大项目为导向的市级统筹投入机制,有利于聚焦支持高等教育重大改革发展项目,集中财力办大事。统一建立市级财政高等教育专项资金,主要用于全市性重大教育改革发展项目,构建以学科建设、队伍建设等为核心的"高峰高原"计划,促进一流学科和高水平大学建设。在实践中,《上海高等学校学科发展与优化布局规划(2014—2020 年)》提出,实施上海高等学校高峰学科和高原学科建设计划,建设周期分为两个阶段:第一阶段是2014—2017 年,第二阶段是 2018—2020 年。在 2014—2017 年第一个建设阶

---

① 上海市教育委员会.关于进一步完善高等教育投入机制的若干意见[EB/OL].(2014 - 11 - 17)[2020 - 01 - 24].http://www.shanghai.gov.cn/nw12344/20200814/0001 - 12344_40717.html.

段,市级财政预计投入 36 亿元,其中相当一部分用于教师队伍建设;在 2018—2020 年第二个建设阶段,市级财政继续加大对高峰高原学科建设的投入力度,确保规划目标顺利实现。

（三）建立以提高教育项目支出效益为目标的综合监督评估机制

上海市建立以提高教育项目支出效益为目标的综合监督评估机制,有利于不断提高资金使用效益,促进高等教育事业健康发展。进一步健全高等教育专项资金预算评审、项目评估、过程监督、事后评价的制度,提高资金使用效益。在实践中,2015 年上海市建立了上海高等教育投入评估咨询委员会,对市级重大教育专项进行认证和评估,并把高校财务管理状况和经费使用监督评估机制完善情况作为调整经费投入的重要依据。

十一、多措并举构建校内外育人共同体

经过多年发展,上海市逐步形成了"市、区、校三级联动"的综合立体的校外教育运作机制和体制,覆盖全市 16 个区校外教育机构和所属区域的广大中小幼学校。校外教育在培养有潜质的科技、艺术和体育未来创新人才中发挥着独特的不可替代的个性化教育作用。[1] 为此,上海校外教育也一直是全国同行学习的示范和榜样,引领着全国校外教育的健康发展。2009 年上海发布《上海市校外教育工作发展规划（2009—2020 年）（试行）》,明确了构建政府主导、社会支持、条块结合、分层布局、高效管理的校外教育新格局,并实施了第一个校外教育三年行动计划。2017 年开始实施第五个三年行动计划,以综合素质评价为导向,注重家校社互联、校内外教育互通、社会资源共享、多元主体共治,合力构建校内外育人共同体。

（一）创新协同育人机制,构建全方位校外教育体系

创新体制机制,建立区域校外教育联席会议制度,提升科学决策、科学实施、科学评价等能力。强化校内校外衔接协作,建立馆校协同育人的工作机制,以任务驱动增进馆校、社校、场校和学校之间的合作,以需求导向满足学生家长的多样化选择,以项目导向提高场所、社区、学校开展实践教育的指导力,构建组织规

---

[1]　吴强.面向未来　迈进校外教育 4.0 时代[N].科普时报,2018 - 02 - 27.

范化、内容序列化、形式多样化、资源社会化的全方位校外教育体系。

（二）充分挖掘多方资源，丰富校外教育内涵

上海市按照一体化、分学段、有序推进的原则，对接学生综合素质评价体系，推进人文素养培育、社会实践能力提升、科技创新素养培育、身心健康促进。积极探索社会力量参与校外教育的有效渠道，推进职业教育体验基地、家庭教育基地、科普场馆、图书馆、博物馆、青少年活动中心、少年宫等的建设，以及社会教育资源的统筹规划和深度挖掘。面向未来，把握校外教育新时代的变革趋势，深入挖掘校外教育内涵，丰富校外教育资源。例如，杨浦区创建 6 个区级艺术教育专业研究室，凝聚 60 多名区域艺术学科骨干教师，聘请 20 多位专家教授担任指导，开展各艺术专业的课题研究，丰富校外艺术教育内涵。

（三）重视教师发展，不断提高校外教育教师能力水平

一是加强校外教育师资培养。探索在相关高校设置"校外教育"专业学位点，开展校外教育专业硕士的学位教育，提升校外教育骨干队伍的业务素养。二是重视校外教育教师培训发展。上海设有校外教师专业发展中心，并下设 25 个分中心，具体实施某学科（项目）的校外教师发展工作，针对校外教育的职初教师、成熟期教师、骨干教师三个阶段教师的不同专业发展需求提供支持，汇聚起市、区两级优质力量，以点带面，构建起上海市课外、校外教师专业发展更为广阔的支持平台。三是加强校外教育师资共享。遴选具有长期工作经验、突出工作业绩且德能兼备的非教育系统校外教育知名工作者，推出一批非教育系统校外教育名师工作室，建设教育系统内外骨干师资共培共享机制、教育系统内外优质师资交流使用机制。

十二、推进对外开放提升教育的国际影响力

教育对外开放作为我国对外开放事业和国家软实力的重要组成部分，是加快实现教育现代化、建设教育强国的必然要求，是融入世界高等教育舞台，塑造全球教育治理新格局的深层力量，也是服务国家战略，着力构建人类命运共同体的题中之意。2019 年 2 月，中共中央、国务院印发《中国教育现代化 2035》，明确提出"开创教育对外开放新格局，积极服务'一带一路'建设，全面加强与世界各国和国际组织的教育务实合作，提升我国教育国际影响力"。扩大教育对外开

放,增强上海教育的国际影响力和竞争力,提升上海教育的国际地位,是上海教育现代化建设的重要内容,也是上海教育综合改革的主要目标之一。上海的教育对外开放呈现出从关注数量规模到强调质量水平、从引进跟随到输出引领的战略转型发展特征。[①]

(一)通过多种途径,不断提升中外合作办学质量

一是引进境外优质教育资源,创办高水平中外合作办学机构和项目。上海市先后引进了密歇根大学、悉尼大学、温哥华电影学院、新加坡国立大学、香港大学等世界名校合作办学。尤其值得一提的是上海市创办了上海纽约大学,这是我国第一所具有独立法人资格的中美合作创办的大学,也是上海市探索建设高水平中外合作大学的有益尝试。

二是通过认证提升中外合作办学质量。上海市通过探索形成了以非政府机构组织、自愿参加、非统一标准、持续不断的合格性评估为特征的认证制度,鼓励中外合作办学机构和项目参加质量认证,在认证过程中不断提升办学质量和水平。目前,上海市已有9个中外合作办学机构和项目通过认证,覆盖从中职到研究生层次、从学历教育到非学历教育的各级各类教育。[②]

三是构建示范性中外合作办学机构和项目评选与建设机制。2011年,上海市开展首届"示范性中外合作办学机构/项目"评选,2015年开展第二届评选,共计15个机构/项目获得"上海市示范性中外合作办学机构/项目"的称号。该机制不仅有效促进了示范性机构和项目自身的不断完善,而且对于中外合作办学的整体发展也有较强的示范引领作用。

(二)参与国际教育测试,率先开启中国基础教育海外输出模式

近些年来,上海市通过参与国际教育测试,不断扩大基础教育的影响力。先后4次参与国际学生评估项目(PISA),其中3次测试结果为全球第一。在PISA 2018测试中,上海市与北京市、江苏省、浙江省组成的中国部分地区联合体获得了全球第一的佳绩。上海市先后2次参加教师教学国际调查项目

---

① 上海市教育综合改革专家咨询委员会秘书处.为教育改革探路 为教育现代化助力(上海市教育综合改革发展报告2014—2017)[M].上海:上海人民出版社,2017:353.

② 上海市教育综合改革专家咨询委员会秘书处.为教育改革探路 为教育现代化助力(上海市教育综合改革发展报告2014—2017)[M].上海:上海人民出版社,2017:354.

(TALIS),在 TALIS 2018 调查中,上海的多个"全球第一"备受瞩目。其中,上海有 83.1%的教师报告参加过正式入职培训,为所有参评国家(地区)中比例最高;上海学校 100%提供"带教活动",在所有参评国家(地区)中属于唯一;上海教师上一年专业发展活动参与率达 99.3%,在所有参评国家(地区)中比例最高,且教师参与的专业发展活动类型最多,达 6.4 种,而 OECD 均值为 3.9 种。[①] 通过参与国际教育测试,上海基础教育的实践和经验为一些发达国家学习和借鉴。2016 年,英国政府宣布全面学习上海数学教学模式,标志着上海在全国范围内率先开启基础教育海外输出模式。与此同时,联合国教科文组织在沪设立教师教育中心(上海),这是落户上海的首家联合国二类机构,承担起全球基础教育教师教育标准制定、师资培训指导等重任,标志着上海的基础教育获得世界首肯。

(三) 服务留学生需求,打造具有国际竞争力的国际教育服务体系

为更好地为留学生服务,上海市开通了"留学上海"多语种在线服务平台。建设了国际学生服务中心、上海国际教育考试服务中心、上海国际教育认证服务中心,加强国际学生服务以及国际教育考试、认证研究。突破外籍人员在沪就业需要有两年工作经验的限制,全面启动外国留学生毕业后直接留沪就业试点。全英文授课课程的覆盖面不断扩大,自综合改革以来立项建设 500 余门外国留学生英语授课课程。

十三、信息化环境建设赋能教育现代化

教育信息化作为教育系统变革的内生力量,承担着支撑引领教育现代化发展,推动教育理念更新、模式变革、体系重构的重任。上海市从硬件建设、观念更新和研究应用三个方面布局信息化教育环境,助力上海教育发展。

(一) 硬件先行筑牢地基,多方位系统建设数字化教育环境

技术作为一种强有力的工具,对于一项事业的建设往往起到事半功倍的效果。没有完善的基站建设,4G 网络的大面积铺开将是无根之木。教育行业也不例外,教育改革的现代化同样离不开信息技术的支持,而技术的实现应当建立在搭建信息技术设备、网络及平台等外部硬件条件的基础上。

---

① 新华社.上海教师 TALIS 调查多项指标世界第一 "秘诀"是什么?[EB/OL].(2019 - 07 - 04)[2020 - 01 - 24].http://www.gov.cn/xinwen/2019-07/04/content_5406345.htm.

上海市深知硬件本身的建设将从根本上决定教育信息化能走多远,因此积极推进网络基础设施工程的实施,包括:教育城域网统一接入互联网及云网融合工程、统一数据管理工程、教育信息化项目治理优化工程、数字教学资源创新工程、各个层级的数字学校和标杆学校创建工程[①]、大规模智慧学习平台创新工程、网络与信息安全保障推进工程、信息素养全面提升推进工程、网络思政与网络诚信推进工程。目前,上海教育信息化已初步建成以促进信息技术与教育教学、管理决策和公共服务深度融合为核心的"一网三中心两平台"(上海教育城域网;上海教育数据中心、上海教育资源中心、上海教育认证中心;上海大规模智慧学习平台、上海教育综合管理决策平台)基础环境,教育信息化基础设施建设不断完善。其中,上海教育城域网系全国第一个主干带宽达 100G 的教育城域网,链接和覆盖了上海所有行政区的各级各类学校共三千余所,实现了校园高速网络的全面覆盖。[②] 统一网络接入及教育云网融合试点深入推进。上海教育认证中心持续开展对接和应用推进工作。研制教育数据管理办法,推动归集整合,促进数据共享开放,保障数据安全。[③]

上海市还针对不同学习阶段和对应场景,进行个性化的硬件建设和平台搭建工作。例如,在基础教育领域,上海市大力推进中小学创新实验室建设,共建设涉及 50 余个学科门类的中小学创新实验室 1473 个,覆盖 72% 的小学、初中和 83% 的高中学校。积极推进职业教育应用平台、资源平台和管理平台三大信息平台建设,完成 5 个市级创新实验实训中心和 3 个市级智慧教室的建设。多功能平台的搭建满足了教育系统中的不同类型用户、不同场景、不同交互等多层次和多方面的需求。

此外,上海市还积极举办 2019 年世界人工智能大会教育行业主题论坛,市教委与华为等国内大型领军信息科技企业签署智慧教育政企合作战略框架协议,并现场发布《人工智能助力教育健康发展倡议书》。加强网络安全培训,提升网络安全意识。建立市、区、校三级网络安全和信息化工作组织领导体系,强化

① 上海市教育委员会.2019 年上海市教育工作年报[EB/OL].(2020 - 04 - 23)[2020 - 05 - 25]. http://edu.sh.gov.cn/xxgk_qtgz_jygznb/20200514/0015-gw_9042020001.html.

② 上海市教育综合改革专家咨询委员会秘书处.为教育改革探路 为教育现代化助力(上海市教育综合改革发展报告 2014—2017)[M].上海:上海人民出版社,2017:56.

③ 上海市教育委员会.2019 年上海市教育工作年报[EB/OL].(2020 - 04 - 23)[2020 - 05 - 25]. http://edu.sh.gov.cn/xxgk_qtgz_jygznb/20200514/0015-gw_9042020001.html.

网络责任体制。组织本市教育单位开展重要系统的等级保护定级、备案和测评，持续推进等级保护工作。①

（二）以人为本、科技引领，用信息技术打造个性化现代教育场景

上海市教育信息化发展始终围绕教育现代化和上海市教育综合改革，落实立德树人根本任务，始终坚守教育初心，把"是否有利于学生身心健康成长"作为新的教育理念、体系、内容和技术选择的根本原则。希望在人工智能赋能教育方面，通过深入研究形成理念上的引领，从而指导人工智能真正走进学校，与教学深度融合，进一步探索全面感知、伴随式物联网基础上的全息数据驱动的大规模因材施教，探索"人工智能＋教育"应用，推进智能教学助手、智能评测、知识图谱与自适应学习等应用场景，为每个学生提供最适合的教育。就目前而言，上海市各个教育系统在信息化建设方面已经初具规模，在硬件覆盖和系统运行上都具有了较好的发展基础。

上海学前教育信息化始终坚持信息化助推教育现代化的理念目标，建立了上海学前教育网与园园通平台下的直报通、课程通、家园通合作形成的"一网三通"应用集群，有效提升了本市幼儿园信息化管理能级。各区探索案例也十分丰富，如普陀区举办幼儿 STEM 实践展示交流活动、数字教材学校应用研究展示活动，奉贤区启动人工智能嘉年华活动等。

基础教育偏重利用信息技术进行教学管理和学生管理，积极推进行政权力和公共服务事项接入。② 在中小学层面，上海市积极建设中小学生社会实践电子记录平台，以电子学生证和数据云平台为支撑，为学生综合素质评价、学校校外教育工作评价、场馆信誉等级评价等提供依据，有机统筹各类资源，形成网上网下合力育人运行体系，为学生、学校和家长更好地运用社会资源开展校外教育提供信息化服务。教师备课、布置批阅作业，学生在线学习、讨论协作等都有完善的系统支撑。在教育管理向教育治理转变方面，上海市开展用数据技术支撑智能治理的全方位的实践探索，遵循数据标准和系统开发规范实现学生数据、教师数据、学校数据等区域数据的整合与互通。上海开发和运行的基础教育学生、

① 上海市教育委员会.2019 年上海市教育工作年报［EB/OL］.（2020－04－23）［2020－05－25］. http://edu.sh.gov.cn/xxgk_qtgz_jygznb/20200514/0015-gw_9042020001.html.

② 上海市教育委员会.2019 年上海市教育工作年报［EB/OL］.（2020－04－23）［2020－05－25］. http://edu.sh.gov.cn/xxgk_qtgz_jygznb/20200514/0015-gw_9042020001.html.

学校数据中心和义务教育入学报名系统、普通高中学生综合素质评价信息管理系统已取得初步成效。例如：依托大规模智慧学习平台建立的"上海微校"，通过电子记录的形式形成伴随个人一生的学习记录档案，并通过终身教育学分银行平台提供个性化的教育服务；[①]"电子学生证（中、小学）""教师资格证"被列为全市"100 类重点归集高频电子证照"，市教委已完成全部在籍学生的"电子学生证（中、小学）"以及近三年的"教师资格证"的归集和制证。[②] 目前，已完成 26 项行政权力事项、27 项公共服务事项接入"一网通办"总门户，11 个便民服务事项（部分）接入"随申办市民云"移动平台。

高等教育偏重利用信息技术进行创新形式的教学。为实现更好的教学效果，信息化建设针对高校治理和教学中的痛点提供了有效的解决方案。在教学科研方面，在排课、报销、教师评价等事务中，信息化建设推动"放管服"改革要求的落实，大量的工作都交给了日益完备的系统本身，各类系统以全天候、数据全、少出错等特点展现了信息化建设治理高校的优势；在日常授课方面，信息化设备和系统的搭建使课堂教学有了更多的发挥空间，各类云系统可以满足师生对于计算机资源的需求，集中了各类教学工具的教学平台则支撑了混合式教学、翻转课堂等教育模式的实现。不仅如此，由于能够高效记录课堂教学和学生学习的全过程，对于课堂教学效果的评估也能够以数字化的形式进行。信息化建设将许多传统的工作转化为线上数据的运行，例如学生评优评奖、认定经济困难学生、提供学业职业规划咨询等，不仅能够系统化运行，还能够利用完备的数据记录进行更好的追踪服务。而在对外方面，由于信息技术与生俱来的开放性和传播性，高校的活动、课程在与信息化技术融合的同时，也逐渐传播到社会层面并逐渐演化为社会性活动、公开课等，如上海交通大学举办的华语短诗大赛就通过微博发酵和有意识的运作成为全球大学生的活动。大学的文化传承功能通过信息化建设得到了更好的实现。

（三）大数据助力信息集成，以信息技术服务教育决策咨询

在对技术的利用上，上海市没有简单地停留在一线教学层面，而是将技术应

---

① 上海市教育综合改革专家咨询委员会秘书处.为教育改革探路　为教育现代化助力（上海市教育综合改革发展报告 2014—2017）[M].上海：上海人民出版社，2017：57.

② 上海市教育委员会.2019 年上海市教育工作年报[EB/OL].（2020 - 04 - 23）[2020 - 05 - 25].http://edu.sh.gov.cn/xxgk_qtgz_jygznb/20200514/0015-gw_9042020001.html.

用产生的数据进行系统性的收集整理。利用大数据处理能力,在数据事实支撑的基础上,对教育改革发展的现状、存在的问题、今后的走向等命题进行思考并提出解决方案。传统的决策咨询能够获取的不外乎是问卷调查、定点定时数据收集等某一时刻的数据,存在数据量不足、样本模拟整体等缺陷。但是在大数据积累的海量数据和相关平台的助力下,对数据的获取进入了随取随用的时代,仅需根据研究需求,输入筛选条件即可。这为教育决策咨询工作提高实时性、可靠性和精准性提供了可能。

代表性案例是华东师范大学国家教育宏观政策研究院。2013 年 12 月,华东师范大学国家教育宏观政策研究院成立。2015 年 12 月,教育部与上海市人民政府协议共建教育经济宏观政策研究院,由华东师范大学与上海市教育科学研究院联合建立。国家教育宏观政策研究院暨教育经济宏观政策研究院(以下简称"宏观院")。以国家宏观政策和教育发展战略研究为重点,结合国家改革与发展中的重大理论及现实问题,以教育整体规划与综合改革为突破口,为破解重大问题提供思路和理论依据,为国家宏观和全局教育决策提供支持,为国家教育决策科学化和治理现代化提供专业支撑。在教育综合改革背景下,宏观院作为信息技术支撑的新型智库,利用大数据技术产生了较大数量且质量上乘的决策咨询成果。

宏观院成立以来,已发行刊物《教育信息观察》13 期、《国际教育政策观察》21 期,内容包含对国内外教育时事热点问题的探讨、对目前教育综合改革进程的把脉与思考、对新时代教育现代化走向和实现路径的展望等。宏观院还出版专著 12 部,这些专著讨论了教育决策的挑战与应对、城乡不同环境下的学校的出路、教育网络舆情分析等切中时代脉搏的主题。此外,宏观院目前已完成项目 27 项,包含从基础教育到高等教育、从城市到农村、从中国到世界的诸多现实性的、正在发生的问题。[①] 上述智库成果得到了来自上海市教委、教育部乃至国家主要领导人的批示和认可。利用大数据技术进行精准教育决策咨询的实践已初具成效。

---

① 国家教育宏观政策研究院.智库成果[EB/OL].(2020 - 01 - 20)[2020 - 03 - 28].http://www.niepr.ecnu.edu.cn/17375/list.htm.

十四、合作共享促进长三角一体化教育协同发展

随着长江三角洲区域一体化发展上升为国家战略,长三角教育协同发展不断突破体制机制约束,通过重点平台项目建设实现成果落地。在长三角城市群中处于龙头地位的上海,不断增强城市服务辐射能级,带动深化区域内教育资源的流动和共享,着力促进形成全方位协同发展新格局。

(一) 加强教育规划和政策制定,健全长三角教育协同发展体制机制

2018 年 12 月,在上海召开的第十届长三角教育一体化发展会议上,上海市与江苏、浙江和安徽三省联合签署《长三角地区教育更高质量一体化发展战略协作框架协议》《长三角地区教育一体化发展三年行动计划》,为未来 3 年长三角区域教育一体化提速发展进行了体制机制设计,明确指出,未来 3 年,长三角教育将率先在高教、职教、师资等若干领域深化协作、重点发力。[①] 会上揭牌成立"长三角教育一体化研究院",将其作为长三角一体化教育协同发展领导小组的具体办事机构总秘书处。2019 年 12 月,中共中央、国务院印发了《长江三角洲区域一体化发展规划纲要》,提出了推动长三角地区教育合作发展的战略举措。同月,在第十一届长三角一体化发展会议上,三省一市联合签署《长三角教育一体化发展近期工作要点(2019—2020 年)》,明确 2020 年长三角教育将率先在高教、基教、职教、师资、教育规划等若干领域进一步加强协同,实现重点突破。

(二) 发挥各类长三角联盟的平台作用,开展跨区域合作

上海市普陀区与江苏苏州、浙江嘉兴、安徽芜湖共同构建长三角一体化教育联盟,通过项目合作等方式在区域教育优质均衡发展、教育综合改革、现代学校制度建设等方面加强合作探索。复旦大学、上海交通大学、南京大学、浙江大学、中国科学技术大学等高校共同发起成立长三角研究型大学联盟,共建一流学科联合体、共享优质高等教育资源、共创重大科技创新载体、共引高层次创新人才、共织国际高校合作网络。统筹区域职业教育院校和专业布局,做大做强联合职业教育集团,如上海电子信息职业教育集团牵头成立长三角电子信息职业教育集团,致力于打造长三角地区的"职教人才成长带"。成立"长三角地区开放教育

---

① 颜维琦.长三角教育一体化发展进入新阶段[N].光明日报,2018 - 12 - 23.

学分银行",完善以开放大学为主的学分银行功能,推进区域开放教育和社区(老年)教育联动发展。探索地区间学习成果互认机制,完善学生校际流动与培养互认机制,推进地区内课程互选和学分互认。

(三)促进人才交流共享,发挥优质资源辐射作用

成立长三角教育人才服务联盟,着力打造"长三角师资招聘、培训、流动和创新的教师生态圈"。共建基础教育校长及教师培训联动平台,开展长三角中小学名校长联合培训工作,构建联合教研、校外实践、研学旅行等资源共享机制。鼓励上海一流大学、科研院所面向长三角设立分支机构,鼓励上海学校开展跨区域牵手帮扶。积极向长三角省市、对口帮扶省市开放共享上海教师企业实践资源和平台,组织完成近50位长三角省市职业院校教师赴上海企业实践。借助长三角区域内职业教育协作平台,集聚政、校、企资源优势,以职业院校名师、名校长工作室为抓手,开展教学、科研、实践的协同规划,开创区域内职业教育多主体交流合作新机制。①

---

① 王蕴玮.培养高素质"双师型"教师　上海职教的六大特色受关注[EB/OL].(2019-10-28)[2020-03-25].http://www.shedunews.com/zixun/shanghai/zonghe/2019/10/28/2109183.html.

第五章　教育发展水平的国际比较

为了解 2014 年开展教育综合改革以来,上海的教育发展水平在国际上所处的位置,本书将上海市教育综合改革后的教育发展水平和经济合作与发展组织(OECD)国家、欧盟国家,以及伦敦、纽约、巴黎、东京等国际大都市的教育发展水平进行了比较分析,以进一步评估上海的教育发展水平,明确今后的努力方向。本章共有五部分内容:第一部分为学生发展,以近年来上海学生在 PISA 测试中取得的成绩为评价标准;第二部分为教师发展,呈现了上海市初中教师 TALIS 的调研结果;第三部分根据国际公认的四大世界大学排名与学科排名、ESI 学科排名,对上海近年来在一流大学和学科建设方面所取得的成就进行国际比较;第四部分基于上海市与 OECD 国家、欧盟国家在部分教育指标上的对比,审视其资源保障情况;最后,基于国际比较结果,对上海市近年来教育发展进行评价并提出建议。

一、学生发展比较

PISA 测试(Programme for International Student Assessment)是由经济合作与发展组织(OECD)发起的一项国际评估计划,组织者会在各个国家(地区)中抽取 4500 至 10000 名七年级或七年级以上的 15 岁学生作为调查对象,通过国际公认的标准,测试学生的知识和技能。这是一项针对学生发展情况的全球性测评,测评结果不仅在不同国别间具有良好的可对比性,也会第一时间于教育部官网和各大媒体网站发布。项目的权威性、结果的可对比性及易获得性使其成为衡量与比较各国学生发展的良好指标。测试包含阅读素养、数学素养及科学素养三部分:阅读素养被定义为学生理解、使用、评估和反思文本的能力,以便实现目标、发展知识水平、激发潜力并参与社会活动;数学素养衡量学生在各种情况下运用和解释数学的能力,包括数学推理以及使用数学概念、过程、事实和工具来描述、解释和预测某一个现象;科学素养指处理与科学相关的问题和观念的能力,是一种反思能力,具备这种能力的人能够对科学和技术进行理性论述,能科学地查询、分析数据和证据。PISA测试具有应用及情境化的特点,受测学生需要针对情境化的问题,灵活运用学科知识与认知技能,自行建构答案,有利于深入检测学生的基础素养与各项能力,是当前全球最具影响力的国际学生学习评价项目之一。2000年,PISA测试首次实施,此后每3年举行一次。

2009年4月,上海5115名来自152所学校的学生,代表全市约10万名15岁各类中学的在校生参加测试。测试结果显示,在全球约47万名接受测试的15岁学生中,上海学生的阅读素养得分为556分,超过位居第二的韩国学生17分;科学素养和数学素养分别为575分和600分,高出第二名21分和38分。在阅读素养上,上海学生表现不俗,精熟度最高的"6级"学生中,2.4%为上海学生,仅低于新加坡(2.6%)。调查显示,92%的上海学生每天都会进行趣味性阅读,对阅读的喜爱程度指数为0.57,显著高于OECD平均值。此外,在访问和检索、整合和解释、反思和评价三个认知方面,上海学生也表现较好。2012年,同样由中国上海学生代表中国大陆参加了PISA测试,上海学生在三个科目中均排名第一。2015年,参加测试的中国大陆代表队成员的来源区域扩大(由北京、上海、江苏、广州的学生组成),其成绩有所下降,但依然处于前列,与第一名的差距并不大。2019年12月,OECD公布了PISA 2018的测试结果,在来自79个国家和地区,共约60万学生参与的PISA测试中,由北京、上海、江苏、浙江组成的中国部分地区联合体(B-S-J-Z)包揽了三项第一,其中,阅读555分、数学591分和科学590分。在上一次测试中获得总分第一的新加坡紧随其后,获得三项第二名。OECD国家在上述三项测试中的平均成绩分别为487分、489分和489分。值得一提的是,在中国部分地区联合体(B-S-J-Z)中,成绩靠后的10%学生也显示出高于OECD平均水平的阅读能力。

在PISA测试中,上海学生的优异表现使上海不仅成为全球基础教育实践与经验研究的热点区域,也成为发达国家学习和借鉴的对象。2016年5月,世界银行在上海举行专题研讨会,来自30多个国家和地区的120多名世界银行教育项目官员第一次走访上海,探讨基础教育公平与卓越发展议题。与此同时,英国启动了推广上海数学教学模式。2016年,英国教育部宣布,未来四年将投入4100万英镑,用于提高英国数学教育教学质量,其中推广"上海掌握教学模式"

(Shanghai Mastery Model for Teaching and Learning)、资助中英数学教师交流是重要内容。值得关注的是,PISA 2018 测试中英国学生以数学成绩比上一轮 PISA 2015 测试高 10 分的表现,成为 OECD 报告中进步最显著的国家。在前几轮测试中,英国的数学成绩分别为 495 分、492 分、494 分、492 分,2018 年为 502 分,首次突破 500 大关。2015 年与 2018 年的测试题目难度和形式相近,OECD 的两次测试平均分也仅相差 1 分,英国数学成绩提高 10 分实属不易。英国国家卓越数学教学中心初中部主任卡罗尔·奈茨(Carol Knights)指出:"英国教师从上海同行那里学到的教学方法,极大地促进了英国学生数学成绩的提高,已经持续了 5 年的中英数学交流项目功不可没。"①

二、教师发展比较

TALIS,即"教师教学国际调查项目"(Teaching and Learning International Survey Programme)是 OECD 于 2007 年开始实施的旨在为世界范围教师(初中低年级教师)评价提供指导的一个项目。TALIS 是继 PISA 之后开展的另一项跨国调查,主要目的是通过对教师和校长进行问卷调查,了解他们的工作条件、专业发展和学校环境,为各国提供可靠、及时和可比的信息,同时为各国教师发展提供政策改进依据和建议。该指标也同样具备资料易获得性的特点,有利于将上海教师的发展情况与其他国家教师的发展情况进行有效对比。从 2008 年开始,TALIS 项目每隔五年开展一次,至今已进行了三次。2015 年,上海参加了 TALIS 2013 的调查,并在教师入职培训、专业合作和在职发展等方面表现优异。之后,上海又参加了 TALIS 2018 的调查,此次共有近 24 万名来自 48 个国家(地区)(其中 31 个为 OECD 成员国、17 个为其他国家(地区))的教师参与。在这次调查中,上海严格按照国际标准,调查了 200 所初中的 4000 位初中教师和 200 位初中校长,最终的教师参与率达 99.4%,学校参与率达 99.0%,样本涵盖了全市 16 个区的各类初中学校,具有良好的代表性。

TALIS 2018 调查结果显示,上海的教师队伍在成员专业发展的多项指标上远高于 OECD 均值,部分指标处于全球第一的水平。在教师队伍结构方面,

---

① 陆梓华.PISA 排名:中国孩子全球第一! 包揽阅读、数学、科学素养三项最佳.[N].新民晚报,2019-14-04.

上海初中教师平均年龄为 39.4 岁，比 OECD 教师平均年龄低 4.7 岁，虽然整体年轻，但上海教师的平均教龄与 OECD 国家均值持平，为 16.7 年，已显著高于平均年龄更小的几个国家（地区）；在职业认同方面，将教师作为首选职业的上海教师占 86.6%，其比例远高于 66.5% 的 OECD 国家均值；在学历构成方面，具有本科学历的初中教师占 99.1%，已实现本科化课堂；在课堂教学方面，上海平均 85.4% 的课堂时间用于教学活动，高于 OECD 国家平均水平（78.1%），是教师课堂时间利用效率最高的国家（地区）之一；上海属于工作时间较长的国家（地区），教师报告的每周平均工作时间为 45.3 小时，用于个人规划备课、批改作业、辅导学生、与本校同事合作与交流，以及用于专业发展活动方面的时间均显著超过 OECD 国家均值；在评价与反馈方面，上海 72.3% 的教师在评价中采取为学生写评语的方式，83% 的教师在教学评价后进行观察反馈，均显著高于 OECD 国家平均水平（56.0%）。

教师发展方面，83.1% 的上海教师报告参加过正式入职培训，是所有国家（地区）中比例最高的；上海教师的专业发展活动参与率同样是所有国家（地区）中比例最高的，达到 99.3%，其参与专业发展活动类型达到 6.4 种，高于 OECD 国家平均水平（3.9 种）。与此同时，课程和教学是上海教师参与率最高的专业发展活动主题，包括学科知识和理解、学科教学能力、课程知识、学生行为和课堂管理、学生评价实践、个性化学习的教学方法，参与率均在 80% 及以上。87.5% 的上海教师认同专业发展活动的积极作用。此外，上海校长和教师在创新思路、创新方法、接受变革以及学校对教师的支持四个方面都持有非常积极的看法，每项比例都显著高于 OECD 国家平均值。

近年来，在政府和社会的大力支持与推动下，上海教师的工作满意度明显提升。调查显示，在个人层面，94.3% 的上海教师满意自己在学校的表现，90.5% 的教师对工作总体满意。在社会层面，59.6% 的上海教师认同"社会重视教师这项职业"，而 OECD 国家教师认同"社会重视教师这项职业"的平均值仅为 25.8%。上海在这两个层面上的满意度属于 TALIS 中最高和较高的国家（地区）。

尽管如此，调查结果也显示上海教师在某些指标上与 OECD 国家平均水平尚存在一定差距。例如：上海具有硕士及以上学历的教师比例仅为 12.7%，低于 OECD 中的欧美发达国家；在课堂教学上，20.8% 的上海教师报告经常为学生家长布置作业（OECD 国家平均为 28.6%）；24.3% 的教师经常让学生使用信息和通信技术(ICT)完成项目或作业(OECD 国家平均为 52.7%);55.6%的教师能够自主命题(OECD 国家平均为 77.2%)。此外,在部分校长看来,尽管上海学校和教师大都支持多元文化和多样性活动,但上海教师对文化多样性的认识还不够。最后,70.5%的教师认为"我会向他人推荐这所学校是工作的好地方",低于OECD 的平均水平(83.4%),由此可见,上海教师对其所在学校工作环境的满意度还有待提升。[①]

三、一流大学与学科建设比较

QS 世界大学排名(QS World University Rankings)、泰晤士高等教育世界大学排名(Times Higher Education World University Rankings)、US News 世界大学排名(Best Global Universities Rankings)和世界大学学术排名(Academic Ranking of World Universities)被公认为四大权威的世界大学排名。将上海与纽约、伦敦、巴黎和东京等国际大都市的大学与学科建设情况在有影响力的第三方评价中进行对比,有利于了解上海一流大学与学科建设在国际层面的现状及今后须努力的方向。

(一) 世界大学排名

1. QS 世界大学排名

QS 世界大学排名最早是由英国一家国际教育市场咨询公司(Quacquarelli Symonds,简称 QS)所发表的年度世界大学排名,该公司最初与泰晤士高等教育合作,共同于 2004 年首次推出《泰晤士高等教育——QS 世界大学排名》。2010年起,两者终止了合作,各自开始发表自己的大学排名。QS 世界大学排名通过六项具体指数衡量世界各国大学,分别是:学术领域的同行评价、全球雇主评价、单位教职的论文引用数、师生比例、国际学生比例与国际教师比例。由于问卷调查形式的公开透明性,QS 世界大学排名被评为全球最受瞩目的大学排行榜之一。虽然也因具有过多主观指标和商业化指标而招致批评,但 QS 排名对于评价高等教育机构发展水平依然具有相当重要的参考价值。国际大都市 QS 世界大学排名百强高校情况见表 5-1。

---

① 上海教师教学国际调查(TALIS)研究中心.上海 TALIS 2018 教师调查结果[EB/OL].(2019-06-20)[2019-10-28].http://www.sohu.com/a/321735166_120068469.

表 5-1　2019 年国际大都市的 QS 世界大学排名百强高校

城市	全球百强高校
伦敦	剑桥大学(5)、牛津大学(6)、帝国理工学院(8)、伦敦大学学院(10)、伦敦国王学院(并列 31)、伦敦政经学院(38)
纽约	康奈尔大学(14)、哥伦比亚大学(16)、纽约大学(43)
巴黎	巴黎文理研究大学(60)、索邦大学(75)
东京	东京大学(28)、东京工业大学(58)
上海	复旦大学(44)、上海交通大学(59)

注:括号内数字代表该学校的具体排名。

在 2019 年 QS 世界大学排名中,伦敦是世界上拥有百强大学数量最多的城市,牛津大学、剑桥大学、帝国理工学院、伦敦大学学院等 6 所高校入围百强。纽约拥有 3 所 QS 百强大学。东京和巴黎各有 2 所 QS 百强大学。上海也同样拥有 2 所 QS 百强高校,其中复旦大学排名为 44,上海交通大学排名为 59,均已跻身全球百强高校行列。

在学科方面,据 2019 年 QS 世界大学学科排名数据显示,在此次 QS 排名涵盖的 48 个学科领域中,上海分别有 3 所高校 23 个学科入围全球 50 强,3 所高校 58 个学科入围全球百强,9 所高校、110 个学科入围全球 500 强。

2. 泰晤士高等教育世界大学排名

泰晤士高等教育世界大学排名,又译 THE 世界大学排名,是由英国《泰晤士高等教育》(Times Higher Education,简称 THE)发布的世界大学排名。该排名每年更新一次,排名指标主要包含研究、教学、论文引用、企业经费和国际化程度 5 个大项和 13 个具体指标,为全世界最好的 1000 余所大学(涉及近 90 个国家和地区)排列名次。

表 5-2　2019 年国际大都市的泰晤士高等教育世界大学排名百强高校

城市	全球百强高校
伦敦	牛津大学(1)、剑桥大学(3)、帝国理工学院(10)、伦敦大学学院(15)、伦敦政治经济学院(27)、伦敦大学国王学院(36)
纽约	哥伦比亚大学(16)、康奈尔大学(19)和纽约大学(29)
巴黎	巴黎文理研究大学(45)

（续表）

城市	全球百强高校
东京	东京大学（36）
上海	无

注：括号内数字代表该学校的具体排名。

表5-2显示，在2019年泰晤士高等教育世界大学排名中，伦敦在此排行榜中仍是拥有百强高校数量最多的地区，且6所高校排名都很靠前，牛津大学、剑桥大学和帝国理工学院更是跻身全球十强。纽约有3所高校进入全球百强，分别是哥伦比亚大学、康奈尔大学和纽约大学。巴黎的巴黎文理研究大学和东京的东京大学也都进入了全球百强。上海并无高校进入全球百强，但有两所高校进入全球200强，分别为排名109的复旦大学和排名157的上海交通大学。

2019年泰晤士高等教育世界大学专业排名涵盖了工程技术、计算机科学、人文社科、教育和法律等11个学科，上海3所高校拥有全球百强学科。其中，复旦大学的工程技术（49）、医学与健康（62）、物理学（71）、商业与经济学（89）4个学科，上海交通大学的工程技术（41）、计算机科学（49）、商业与经济学（84）3个学科，以及同济大学的工程技术（92）入围全球百强。

3. U.S. News世界大学排名

U.S. News世界大学排名（Best Global Universities Rankings）由美国权威的《美国新闻与世界报道》（U.S. News & World Report）于2014年10月首次发布，根据大学的学术水平、国际声誉、论文数量、著作数量、高频被引文献数量（在引用最多文献的前10%）、高频被引文献百分比（在引用最多文献的前10%）等指标得出全球最佳大学排名。2019年国际大都市U.S. News世界大学排名百强高校如表5-3所示。

表5-3　2019年国际大都市的U.S. News世界大学排名百强高校

城市	全球百强高校
伦敦	牛津大学（5）、剑桥大学（9）、帝国理工学院（20）、伦敦大学学院（21）、伦敦大学国王学院（并列37）
纽约	哥伦比亚大学（7）、康奈尔大学（23）、纽约大学（28）、洛克菲勒大学（62）
巴黎	索邦大学（并列37）、巴黎索邦大学联盟（并列67）

（续表）

城市	全球百强高校
东京	东京大学（并列74）
上海	无

注：括号内数字代表该学校的具体排名。

2019年，伦敦有5所高校入围全球百强，牛津大学和剑桥大学依旧稳居全球前十，帝国理工学院、伦敦大学学院和伦敦大学国王学院跻身全球前50；纽约的哥伦比亚大学、康奈尔大学、纽约大学和洛克菲勒大学4所高校进入了全球百强，且大部分位列全球前50；巴黎的索邦大学和巴黎索邦大学联盟也入围了全球百强；东京的东京大学位列全球高校排行榜并列74名。与此同时，上海市未有高校进入U.S. News世界百强大学排名榜。但是，上海交通大学（145）和复旦大学（159）这2所高校进入了全球200强，同济大学位列302名。此外，复旦大学、上海交通大学和同济大学在U.S. News亚洲大学排行榜上跻身50强，华东师范大学（74）、上海大学（90）和华东理工大学（96）入围亚洲百强高校。

同年，U.S. News世界大学排名还对农业科学、艺术人文、生物及生物化学、化学、临床医学、计算机科学、经济学及商科等22个学科大类分别进行全球排名。上海有5所高校的学科进入全球百强，涵盖了10个全球百强学科类别，其中上海交通大学有10个全球百强学科，复旦大学的化学、生物与生物化学、材料科学等4个学科进入全球百强，同济大学、上海大学各有2个学科进入全球百强，华东理工大学的化学位列全球41位。

4. 世界大学学术排名

世界大学学术排名（Academic Ranking of World Universities，简称ARWU）由上海交通大学高等教育研究院的世界一流大学研究中心于2003年首次发布，评价依据全部来源于国际可比的第三方数据和客观指标，包括科研成果（在 Nature 和 Science 上发表论文的折合数、被科学引文索引（SCIE）和社会科学引文索引（SSCI）收录的论文数量）、教育质量（获诺贝尔奖和菲尔兹奖的校友折合数）、教师质量（获诺贝尔科学奖和菲尔兹奖的教师折合数、各学科领域被引用次数最高的科学家数量）、师均表现等。2009年开始，ARWU改由上海软科教育信息咨询有限公司发布并保留所有权利。

表 5-4　2019 年国际大都市的世界大学学术排名百强高校

城市	全球百强高校
伦敦	剑桥大学(3)、牛津大学(7)、伦敦大学学院(15)、帝国理工学院(23)、伦敦大学国王学院(51)
纽约	哥伦比亚大学(8)、康奈尔大学(13)、洛克菲勒大学(35)、纽约大学(30)
巴黎	巴黎第十一大学(37)、索邦大学(44)、巴黎高等师范学校(79)
东京	东京大学(25)
上海	上海交通大学(82)

注:括号内数字代表该学校的具体排名。

如表 5-4 所示,上述城市中,在 2019 年世界大学学术排行榜上,伦敦仍旧是拥有全球百强高校数量最多的城市,剑桥大学、牛津大学、伦敦大学学院和帝国理工学院 4 所高校位居全球 50 强,伦敦大学国王学院进入百强。纽约有 4 所全球 50 强高校,分别为哥伦比亚大学、康奈尔大学、洛克菲勒大学和纽约大学。巴黎的巴黎第十一大学、索邦大学和巴黎高等师范学校以及日本的东京大学也都入围百强。上海的上海交通大学首次进入此榜单的全球百强,位列第 82 名。

同时,ARWU 对理学、工学、生命科学、医学和社会科学五大学科领域,共 54 个学科进行全球排名,排名结果如表 5-5 所示。

表 5-5　上海市部分高校 2019 软科世界一流学科排名情况

学校名称	第 1 名学科数	前 10 名学科数	前 100 名学科数
上海交通大学	1	6	26
同济大学	1	2	14
复旦大学	0	1	12
华东理工大学	0	1	4
华东师范大学	0	0	2
上海大学	0	0	1
东华大学	0	0	1
上海财经大学	0	0	2

注:只显示拥有全球前 100 名学科的高校。

如表 5-5 所示,2019 年上海高校有两个学科位列世界第一,分别是同济大学的土木工程与上海交通大学的船舶与海洋工程。与此同时,上海交通大学也是拥有前 10 名学科数和前 100 名学科数最多的学校,同济大学有 2 个前 10 名学科、14 个前 100 名学科,复旦大学和华东理工大学各有 1 个前 10 名学科。

(二) 基本科学指标数据库

基本科学指标数据库(Essential Science Indicators,简称 ESI)是由世界知名的学术信息出版机构——美国科技信息所(ISI)推出的一项文献评价分析工具,于 2001 年首次发布。这是一个建立在 SCI(Science Citation Index Expanded,科学引文索引)和 SSCI(Social Sciences Citation Index,社会科学引文索引)所收录的全球 11000 多种学术期刊的 1000 多万条文献记录之上的计量分析数据库。高被引论文(Most Cited Papers)、引文排位(Citation Rankings)、引文分析(Citation Analysis)和评论报道(Commentary)是 ESI 的 4 项组成部分。它基于引文分析,通过计算论文数、引文数、篇均被引频次(Average Citations Per Paper)和单篇年均被引频次(Averages)、平均年份(Mean Year)、标准共引阈值(Normalized Co-citation)、引文阈值等指标,针对 22 个专业领域,对各国科研水平、期刊的声誉和影响力、科学家和科研机构的学术水平进行全面评估,并直观反映了当前正在深入研究和取得突破性进展的科学领域。

早在 2012 年,ESI 指标就被纳入我国教育部第三轮学科评估体系。也有学者指出,ESI 全球排名前 1‰学科数和前 1‰学科数是双一流高校评选的指标之一。因此,笔者整理了上海高校的 ESI 数据,从入围 ESI 学科数量的角度,观察上海高校的学科水平。2019 年 11 月,ESI 公布的上海高校全球前 1‰学科和前 1‰学科数量情况如表 5-6 所示。

表 5-6　上海市部分高校 2019 年 ESI 学科排名情况

学校名称	1‰学科数量	1%学科数量
上海交通大学	7	19
复旦大学	4	19
同济大学	1	13

（续表）

学校名称	1‰学科数量	1%学科数量
华东理工大学	1	6
华东师范大学	0	12
上海大学	0	9
第二军医大学	0	7
上海师范大学	0	5
东华大学	0	4
上海理工大学	0	3
上海财经大学	0	2
上海中医药大学	0	2
上海海洋大学	0	2
上海海事大学	0	1
上海电力大学	0	1
上海应用技术大学	0	1

注：本表根据 2019 年 11 月 ESI 发布的数据整理。

表 5-6 显示，上海交通大学、复旦大学、同济大学和华东理工大学都有世界一流学科，且上海交通大学和复旦大学是上海拥有 1‰学科数量最多的两个高校，分别为 7 个和 4 个，同济大学和华东理工大学各有 1 个 1‰学科。在 1%学科数量的情况上，上海高校也表现强劲，上海交通大学、复旦大学、同济大学和华东师范大学都有超过 10 个全球前 1%学科。上海大学、第二军医大学分别有 9 个和 7 个 1%学科。值得一提的是，上海财经大学 2019 年首次有 2 个学科成为 ESI 全球 1%学科，上海应用技术大学、上海电力大学也首次有学科进入 ESI 排行。

总体看来，在四大世界大学排行榜中，上海高校仅在 QS 世界大学排名和世界大学学术排名中进入全球百强，而伦敦、纽约、巴黎和东京，不论在哪个大学排名中都有稳居全球百强的高校。但在学科建设上，各大排行榜的全球学科排名都表明上海交通大学、复旦大学和同济大学等部分高校已经有世界顶尖水平的学科,且近年来,部分上海市地方高校在学科建设上也有值得肯定的表现。由此看来,虽然上海在世界一流大学建设上还有较长的路要走,但大学和学科建设所取得的成就也是不容置疑的。

四、资源保障比较

教育发展离不开政府提供的各类资源保障,上海各级各类教育资源的供给与欧盟 22 国、OECD 国家相比处于何种水平? 鉴于数据的意义和可对比性,本研究选择了两个指标,分别为生均经费和生师比。此次对比的数据主要来源于《上海教育年鉴》(2011—2019 年)和 OECD 教育年鉴(2018,2019)(Education at a Glance,2018,2019)。由于最新版的 2019 OECD 教育年鉴也仅提供了 2017 年的相关统计数据,因此,用上海市 2016 年和 2017 年的数据与国际水平进行对比,再列出《2019 上海教育年鉴》发布的 2018 年的相关数据,以展望上海教育的发展趋势。至于欧盟 22 国(部分资料为欧盟 23 国),由于 OECD 年鉴中已经包含了与其相关的对比数据,因此无须另行采集。

(一) 生均经费

《2017 上海教育年鉴》中的生均经费包括"生均公用经费"和"生均教育经费"。其中,生均公用经费指"满足学校教育教学活动正常进行以及整个学校的正常运转而消耗的物力、人力所产生的费用"。生均教育经费指"在一定地区范围内(如某省、某市),按照当地的经济发展水平和实际教育发展状况,由政府制定的财政年度预算的依据,同时也是当地财政部门按照当地计划内在读学生数额,向相关教育部门拨款的依据"。"生均教育经费"包括开办费用和日常费用,而"生均公用经费"则往往只包括日常费用。《2018 上海教育年鉴》的生均经费指生均一般公共预算支出,2019 年的上海市统计资料则用教育财政拨款情况中的在校学生人均实际支出体现生均经费情况。

《2017 上海教育年鉴》中提供了上海市 2016 年小学到高中的"生均财政拨款""生均实际经费"和"生均公用经费"数据(见表 5 - 7)。而《2018 上海教育年鉴》则仅用生均一般公共预算支出代表生均经费,如表 5 - 8 所示,《2019 上海教育年鉴》中上海生均经费指在校学生人均实际支出(见表 5 - 9)。

表 5 - 7　上海市 2016 年生均经费情况①

来源	区域	小学		高中	
		人民币(元)	转换为美元	人民币(元)	转换为美元
生均财政拨款	郊区小计	21899.17	3296.93	36535.47	5500.42
	市区小计	33863.43	5098.15	56877.34	8562.9
	各区合计	25281.14	3806.08	44427.45	6688.56
生均实际经费	郊区小计	22423.83	3375.91	39787.37	5990
	市区小计	33647.8	5065.69	59356.37	8936.12
	各区合计	25598.37	3853.84	47377.13	7132.64
生均公用经费	郊区小计	5040.83	758.9	8878.34	1336.64
	市区小计	12044.31	1813.27	18947.44	2852.54
	各区合计	7024.3	1057.51	12841.86	1933.35
来源	区域	初中		中专、技校、职校	
		人民币(元)	转换为美元	人民币(元)	转换为美元
生均财政拨款	郊区小计	29696.71	4470.85	25588.11	3852.3
	市区小计	49489.31	7450.63	44599.72	6714.5
	各区合计	35135.17	5289.61	30536.5	4597.28
生均实际经费	郊区小计	30657.19	4615.45	28322.55	4263.97
	市区小计	48745.83	7338.7	48054.61	7234.63
	各区合计	35628.34	5363.86	33458.46	5037.18
生均公用经费	郊区小计	6997.07	1053.41	6410.93	965.17
	市区小计	15531.52	2338.27	14688.23	2211.32
	各区合计	9319.99	1403.13	8565.37	1289.52

表 5 - 8　上海市 2017 年生均经费情况②

	小学	初中	高中	中等职业学校
人民币(元)	28899.32	41025.05	50942.6	41832.96
美元	4278.4	6073.56	7541.8	6193.16

注:人民币按 2017 年度平均汇率(1 美元＝6.7547 元人民币)折算为美元。

①　教育部财务司,国家统计局社会科技和文化产业统计司.中国教育经费统计年鉴2017[M].北京:中国统计出版社,2018:581 - 586.
②　上海市教育委员会.2018 上海教育年鉴[M].上海:上海人民出版社,2019:551 - 553.

表 5 - 9　上海市 2018 年生均经费情况[①]

	小学	初中	高中	中等职业学校
人民币(元)	31301.33	44406.36	55736.70	47977.29
美元	4730.15	6710.53	8422.74	7250.16

注:人民币按 2018 年度平均汇率(1 美元=6.61741 元人民币)折算为美元。

OECD 教育年鉴没有直接提供此类数据,而是提供了"全日制同等学生教育机构支出总额",且 2019 年的 OECD 教育年鉴也只提供了 2016 年每名全日制同等学生在教育机构的总支出情况(见表 5 - 10)。

表 5 - 10　OECD 国家和欧盟 22 国 2016 年每名全日制同等学生
在教育机构的总支出[②]　单位:美元

	小学	初中	高中			全部中学	高等教育			
			一般的	职业的	总计的		短学制	正常学制	全部的	全部排除 R&D
OECD	8470	9884	9397	10922	10368	9968	11745	16765	15556	9732
EU22	8548	10302	9671	11320	10308	10205	12468	16388	15863	9772

注:以等值美元折算,按国内生产总值购买力平价计算;教育机构内部直接支出,按文化程度分列,按全日制等值计算。

由于统计口径并不完全相同,上海与 OECD 国家、欧盟 22 国的生均经费数据不能直接比较,但可作为上海市教育发展水平的部分参考依据。从表 5 - 7、表 5 - 8 和表 5 - 9 中可以发现,上海市基础教育阶段"生均财政拨款"与 OECD 国家和欧盟 22 国之间尚存在一定差距,尤其是小学阶段和中等职业学校的生均经费远远低于 OECD 国家与欧盟 22 国。至于高等教育,由于上海教育年鉴并没有提供高等教育生均经费的数据,所以此处使用《中国教育经费统计年鉴——2017》的数据进行计算。2016 年,上海市普通高等学校"公共财政预算教育事业

[①]　上海市教育委员会.2019 上海教育年鉴[M].上海:上海人民出版社,2019.
[②]　OECD. Education at a Glance 2019:OECD Indicators[M]. Paris:OECD Publishing, 2019:274.

费和基本建设支出"总计为 29334715000 元[①]，同年，上海市普通本、专科在校生数为 514683 人[②]，二者相除则为 56995.69 元，约合 8580.72 美元。因为总支出并不包含 R&D 经费，故可以同表 5-8 中的相应值进行比较。从数据上看，二者间的差距已经非常小。

（二）生师比

衡量师资水平的指标有很多，如生师比、教师的年龄、教师学历分布和教学时间等。考虑到数据的意义及可比对性，我们仅选取生师比进行比较。生师比指"学校专任教师数与折合在校学生数的比例"，一定程度上体现了我国学校的教育规模和人力资源利用效率，也从侧面反映了学校的办学质量。一般情况下，生师比越低表明该地区的教育师资越充分。

OECD 国家、欧盟 22 国与上海市 2016 年的生师比情况如表 5-11 和表 5-12 所示。在基础教育阶段，上海市除了小学的生师比略高于 OECD 国家和欧盟 22 国外，其他阶段的生师比均低于这些国家，且高等教育阶段的生师比与 OECD 国家和欧盟 22 国的生师比基本持平。同时，上海市高职（专科）阶段生师比相对较高的情况需要引起关注。

表 5-11　OECD 国家和欧盟 22 国教育机构生师比统计(2016)[③]　单位:万人

	小学	初中	高中			中学全部	高等		
			普通	职业	全部		短学制	本硕博及同等	全部
OECD	15	13	13	14	13	13	—	—	15
EU22	14	11	12	13	12	12	—	—	15

①　教育部财务司，国家统计局社会科技和文化产业统计司.中国教育经费统计年鉴2017[M].北京：中国统计出版社，2018：472-473.

②　教育部财务司，国家统计局社会科技和文化产业统计司.中国教育经费统计年鉴2017[M].北京：中国统计出版社，2018：545.

③　OECD. Education at a Glance 2018：OECD Indicators[M]. Paris：OECD Publishing，2018：358.

表 5-12　上海市各级教育机构生师比统计(2016)①　单位:万人

	小学	初中	高中			中学全部	高等		
			普通	职业	全部		高职(专科)	本硕博及同等	全部
在校生数	78.97	41.33	15.78	2.03	17.81	66.76	11.52	54.44	65.96
专任教师数	5.34	3.81	1.77	0.28	2.05	6.42	0.50	3.73	4.23
生师比	14.79	10.85	8.92	7.25	8.69	10.40	23.04	14.60	15.59

注:初中职业中学人数过少,忽略不计。中学全部包含职业中学初中部分、中等专业学校、技工学校和工读学校。

2019 年的 OECD 教育年鉴与《2018 上海教育年鉴》分别报告了 2017 年 OECD 国家、经过调整的欧盟 23 国和上海市的生师比情况,见表 5-13 和表 5-14。

表 5-13　OECD 国家、欧盟 23 国教育机构学生与教职员工的比例(2017)②　单位:万人

	小学	初中	高中			中学全部	高等		
			普通	职业	全部		短学制	本硕博及同等	全部
OECD	15	13	13	14	13	13	—	—	16
EU23	14	11	—	—	12	12	—	—	—

①　教育部财务司,国家统计局社会科技和文化产业统计司.中国教育经费统计年鉴2017[M].北京:中国统计出版社,2018:545.
②　OECD. Education at a Glance 2018：OECD Indicators[M]. Paris：OECD Publishing, 2019:388.

表5-14 上海市各级教育机构生师比统计(2017)① 单位:万人

	小学	初中	高中			中学全部	高等		
			普通	职业	全部		高职(专科)	本硕博及同等	全部
在校生数	78.49	41.17	15.89	1.97	17.86	57.06	11.4	56.2	67.6
专任教师数	5.47	3.93	1.79	0.28	2.07	5.72	0.5	3.84	4.35
生师比	14.35	10.48	8.88	7.04	8.63	9.98	22.80	14.64	15.54

注:初中职业中学人数过少,忽略不计。中学全部包含职业中学初中部分、中等专业学校、技工学校和工读学校。

表5-15 上海市各级教育机构生师比统计(2018)② 单位:万人

	小学	初中	高中			中学全部	高等		
			普通	职业	全部		高职(专科)	本硕博及同等	全部
在校生数	80.02	43.25	15.82	1.99	17.81	68.04	10.60	59.06	69.66
专任教师数	5.68	4.10	1.84	0.27	2.11	6.76	0.49	3.97	4.46
生师比	14.09	10.55	8.60	7.37	8.44	10.07	21.63	14.88	15.62

注:初中职业中学人数过少,忽略不计。中学全部包含职业中学初中部分、中等专业学校、技工学校和工读学校。

表5-11与表5-13的数据显示,2017年OECD国家和欧盟国家的生师比情况与2016年相比基本没有变化,高等教育阶段的生师比有所提高。而从表5-12与表5-14来看,与2016年相比,2017年上海每个教育阶段的生师比都有所下降。同样地,2017年在基础教育阶段,上海市除了小学的生师比略高于OECD国家和欧盟23国外,其他阶段的生师比均低于这些国家,特别是高等教

① 上海市教育委员会.2018上海教育年鉴[M].上海:上海人民出版社,2019:515.
② 上海市教育委员会.2019上海教育年鉴[M].上海:上海人民出版社,2019:491.

育阶段的生师比实现了赶超。综合以上数据表明,上海的生师比水平已经领先于 OECD 国家和欧盟国家。由于 2019 年的 OECD 教育年鉴尚未提供 2018 年 OECD 国家、欧盟国家的生师比情况,所以无法与上海 2018 年的生师比水平做比较。但从纵向对比来看,相较 2017 年,上海市 2018 年小学、普通高中和高职(专科)的生师比持续降低,而初中、职业高中和本硕博及同等教育阶段的生师比略有提升;且从表 5 - 15 可以看出,职业高中中的在校生人数增长,但专任教师数却减少,这一现象需要引起关注。

五、比较分析

通过国际比较发现,2014 年开展教育综合改革以来,上海市教育无论从点上还是面上,都取得了不俗的成绩。教育事业总体发展水平进入世界中上水平行列,跻身全球一流教育城市。基础教育实现了从"跟跑"到"并跑"乃至"领跑"的跨越式发展,高等教育也在世界一流大学和一流学科榜单上屡屡亮相,在全球教育治理方面亦有亮眼表现。但与此同时也还存在部分短板。

首先,PISA 和 TALIS 评价的结果显示,上海市的基础教育,无论是学生发展水平还是师资力量,在所有参与评价的国家和地区中都处于较为领先的水平,有些指标甚至已经达到了世界顶尖水准。这无疑是对近年来上海市在基础教育方面所取得成就的肯定,同时也为下一步发展提供了有益的经验和参考。然而,也要看到上海市在某些指标上,如具有硕士及以上学历的教师比例、教师自主性、教师对文化多样性的认识以及对学校环境的满意度等方面还有待提升。在将来的工作中,可以考虑对这些方面进行相应的投入和改善。

其次,就较权威的世界大学排名所反映的信息来看,上海市高等教育发展水平有了较大提高,在 QS 世界大学排名中,上海已有两所大学进入全球百强高校行列,与东京持平。在各大学科排行榜上,上海均有高校有世界顶级学科,地方高校的学科建设也显露成效。这一成就的取得离不开这些年来中央和上海市政府的正确领导与大力投入,以及社会各界的广泛支持。以往的工作值得肯定,但也应看到,除 QS 世界大学排行榜和世界大学学术排名外,在其他大学排行榜中,上海均无全球百强高校,而同为国际大都市的伦敦、纽约、巴黎和东京,在文中所列举的世界大学排行榜,都有高校稳居百强,且名次较靠前。国际大都市的发展离不开高校提供的人才和智力支持,这需要引起我们对一流高校和一流学科建设的广泛重视。尽管如此,大学排行榜终究只能作为一种参考,排名固然重要,但也不能忘记排行榜本身固有的局限性。在建设一流大学的过程中,应正确认识大学排行榜所具有的积极和消极意义,时刻谨记大学的价值和理念,警惕片面追求量化指标以及"按榜办学"的短期行为,将人才培养及服务于国家社会的经济文化建设放在首位。

　　最后,通过与 OECD 国家和欧盟国家的数据对比可以发现,生均经费方面,由于统计口径不完全一致,上海市与 OECD 国家和欧盟国家的数据不宜直接对比,但通过数据大致可以看出,在基础教育阶段上海同 OECD 国家和欧盟国家间尚有一些差距,而在高等教育阶段差距已经非常微小。生师比方面,除高职(专科)阶段外,上海在其他教育阶段的生师比都明显低于 OECD 国家和欧盟国家的平均水平,处于领先地位。从这些指标来看,除基础教育阶段生均经费投入略有不足,上海市的教育发展水平整体已经达到或超过 OECD 国家和欧盟国家的平均水平。在下一阶段,上海可适当加强基础教育阶段的投入,特别是郊区的基础教育投入,同时适当充实高职(专科)的师资力量,以缓解目前这一阶段生师比过高的现象,还应注意职业高中这个阶段在校生和专职教师的人数变化。

第六章　深化教育综合改革的思考与展望

上海市教育综合改革关涉基础教育、高等教育、职业教育以及终身教育等多个领域,在学生发展、教师发展、治理能力、资源保障以及开放联动等诸多方面进行了积极探索,形成了一系列可供参考与推广的实践经验与亮点。随着新时代的到来,各界对教育提出了新的期许,教育改革也面临着国际局势与国内环境的多重变化。上海市在基础教育高位优质均衡发展、高等教育高质量特色发展、职业教育布局结构、校企合作和产教融合、教师收入分配制度、科研经费规范使用以及教育对外开放等方面还存在着薄弱与不足之处。本章在上述研究的基础上,对深化教育综合改革提出如下思考和建议。

一、加快推进基础教育高位优质均衡发展

从目前的政策出台和改革成效看,上海市推进基础教育优质均衡发展重点着力于义务教育城乡一体化改革。2014 年,上海市 17 个区率先一次性整体通过国务院义务教育均衡发展督导认定,标志着上海义务教育步入了从“基本均衡”走向“优质均衡”的发展新阶段。综合各区综合改革推进情况和专家访谈结果发现,学区化、集团化办学和新优质学校集群式发展虽然取得一定成效,但是城乡之间、区域之间、学校之间的基础教育发展尚不平衡,“入园难”“择校热”等现象并没有消除,民办教育、国际教育等多元教育的丰富性还比较缺乏,人民群众对优质教育的期待更加迫切。此外,基础教育优秀教师和优秀校长储备依然不足,师资结构尚不完整,产假式缺编、中考改革等带来的师资结构性短缺仍是各学段普遍面临的问题,而且绩效工资制度改革在体现优劳优酬方面有待进一步改善,在投入有限的情况下难以形成全面激励效应,这些因素在客观上影响了教师队伍的稳定性和活力激发。另一方面,学区、区域改革依然存在冷热不均的

现象,有些涉及深层次改革的项目有待进一步加强破解瓶颈方法和相关政策保障机制的研究。

（一）内涵发展,助推义务教育高位优质均衡发展

综合改革实施以来,学区化、集团化办学和新优质学校集群发展是推进义务教育优质均衡发展的"双引擎"。[1] 针对实施过程中凸显的问题和短板,一要坚持社会主义办学方向,强化教育的基本公共服务属性,坚持公办学校占据主导地位,做强公办学校、规范民办学校,逐步构建良好的教育生态环境;二要积极构建城乡教育一体化发展长效机制,以学生学习为中心推进课程教学的深度改革,加快信息技术的运用,以系统思维面对未来内涵发展中更复杂、更深刻的变革,让基础教育更好地满足学生全面发展和经济社会发展的需要;三要切实解决教师队伍建设问题,系统研究教师编制问题、职称问题、工资问题,切实提升教师地位,营造尊师重教的社会氛围,并结合"三位一体"的教师发展政策造就高素质、专业化的教师队伍;四要研究制定与上海市高考和中考评价制度改革相匹配、以校为本、基于过程的教育质量综合评价体系,引导学校优质发展、特色发展,推动学校育人模式创新,满足学生个性化成长和终身发展的需求;五要加强全市在区域间的统筹协调能力,不断完善区域教育治理,提高区域教育治理能力的同时加强区域内和区域外部的联动,实现资源共享、融合互补。

（二）系统设计,多样化特色化打造优质高中教育

《方案》对高中阶段的改革举措围绕高考招生、中高职贯通等展开,以多样化、特色化为改革重点。对标上海高考招生制度改革,要从办学理念、育人目标、课程设置、师资配备、学生综合评价等方面系统研究。一方面,要继续深入探索高中个性化特色化办学新途径,创新教学组织形式,出台走班制背景下的高中建设与实践标准,提高课程设置灵活度,转变教学理念和管理观念,鼓励部分高中与大学、科研院所联合培养创新型人才,优化普高和职高布局,促进两者在各方资源中的融合发展;另一方面,在科技飞速发展、社会快速进步的时代背景下,21世纪高中教育的改革与发展应当聚焦国家与民族发展的新需要,以创新性、个性

---

[1] 21世纪经济报道.推动优质均衡,改革评价体系:上海基础教育探索综改新路[EB/OL].(2017-09-22)[2020-05-13].http://www.p5w.net/news/gncj/201709/t20170922_1967546.htm.

化及素质教育为核心理念,摒弃传统高中教育唯分数论、唯高考论的功利主义思想,为培育有创新精神、有创新能力的新时代人才而努力推动高中阶段人才培养模式创新发展[①]。

二、深入推进高等教育高质量特色发展

一流城市孕育一流教育,一流教育成就一流城市。教育是城市核心竞争力的重要支撑。[②] 近年来,上海高等教育的质量和水平不断提高,为上海发展提供了重要支撑。但与城市的战略定位及人民群众日益增长的对高质量、多样化教育的需求和期望相比,还存在差距。从外部比较来看,高等教育的总体人才培养能力、贡献度和影响力仍存在差距。比如,上海"每十万人口在校大学生数""25—64岁大专及以上学历人口比例"等衡量国际大都市的高等教育和人力资源指标仍然低于伦敦、纽约、东京等国际大都市。从内在问题看,高校办学特色还需要进一步凸显,同质化办学倾向还需要进一步扭转,结合国家和上海市颁布的相关法律和政策文件,对当前及今后一个时期推进高等教育特色发展提出如下建议。

(一) 追求卓越,加快推进一流大学和一流学科建设

贯彻落实《关于本市统筹推进一流大学和一流学科建设实施意见》,遵循教育、科技和人才发展规律,探索一流大学和一流学科建设规律,不断优化完善高校分类管理体系,引导各类高校和相关学科巩固发展优势,以争创一流为目标,以一流学科为基础,推动一流大学整体建设,实现分类特色发展。加大部属高校"双一流"建设支持力度,倾力支持市属高校"双一流"建设。相关高校要瞄准服务经济社会发展深化改革,加快一流大学和一流学科建设,努力办出特色,推出标志性原创成果。推进高校科技成果转化,做大做强大学科技园,放大知识溢出效应。[③] 市校协同,实现高等教育内涵式发展,为上海建设卓越的国际化城市和社会主义现代化国际大都市提供有力支撑。

---

① 张笑笑,史亮.创新人才培养模式改革路径研究——以高中阶段为例[J].延边大学学报(社会科学版),2019,52(05):117-124+144.

② 李强在上海市教育大会上的讲话,2019年3月22日。

③ 李强在上海市教育大会上的讲话,2019年3月22日。

（二）适度超前，系统整体规划高等教育发展路径

要适度超前谋划，坚持科学顶层设计，系统整体规划高等教育发展路径，科学合理优化相关资源结构布局的总体目标。《上海高等教育布局结构与发展规划（2015—2030 年）》做出了系统设计。未来，对高等教育资源配置以及质量评价等，应严格"跟着规划走"。《上海高等教育布局结构与发展规划（2015—2030 年）》围绕经济转型、产业结构调整和未来发展需要，将高校为上海供给的人才重点确定为医学、理工农、经管、法学、艺术学、文史哲教六大类型，以此统筹规划上海高等教育分学科在校生规模及结构；通过合并组建、新设增设、调整撤并、中外合作办学等多种形式，不断优化上海高校布局结构，助推提升学科发展整体水平，服务区域经济发展需要。进一步促进上海高等教育分类发展、特色发展和多样化发展，进一步完善分类管理评价制度，引导高校进一步明确发展定位，完善不同类型高校的分类评价指标导向，引导和激励不同高校立足不同办学定位在各自"队列"中办出特色、办出水平。同时，要加强对改革举措的总结和修正，不断深化完善分类管理体系。分类管理不能"一分定终身"，需要进一步尊重高校意愿，加强分类管理的动态调整，完善二维分类体系进入和退出机制，促进高校良性发展、有序竞争。

（三）多管齐下，提高行业类高校的办学层次和人才培养能力

提升地方医学类高校人才培养层次与能力，为上海和区域医疗卫生事业持续较快发展提供优质充裕的人力资源保障。加快提升艺术类高校和艺术学科的整体水平，积极支持艺术类院校改善办学条件，打造国际文化大都市艺术教育品牌。稳步提高经管类高校的办学重心和应用研究能力，优化经管类学科的人才培养结构，通过资源整合和布局调整，着力打造办学实力强、具有鲜明特色的高水平经管类高校。优化提升法学类高校的人才培养结构和层次，加强高水平的法学类人才培养和科学研究，加快培养适应自贸区建设发展需要的国际法、知识产权法等方面的专门人才。引导不同类别高校的理工农类学科特色发展，提升理工类院校服务战略新兴产业的人才培养能力，引导一批地方本科院校向应用技术型大学转型。对接需求多途径提升文史哲教类人才培养的层次和水平，加强高校文史哲优势学科建设，发挥其在上海国际文化大都市建设中的支撑、引领作用。

三、持续优化职业教育布局结构

上海正着力加快建设"五个中心",全力打响"四大品牌"①,产业升级和经济结构调整不断加快,城市发展对高素质技术技能人才的需求愈加紧迫,因此职业教育的重要地位和作用更为凸显。然而,当前上海市职业教育布局结构、现代职业人才的能力水平等都与社会需求不适应。中等职业教育还存在自成一体的封闭发展观念和办学格局,一些学校已经停止招生、名存实亡,或办学方向和专业设置不符合上海经济社会发展现实需求,相关领域高端技能人才的培养能力明显不足,专业设置与本市产业发展特别是与战略性新兴产业布局的对接程度有待加强。陈宝生部长在上海市教育大会上指出,要"推进教育改革创新……优化职业教育布局结构"②。

(一) 贯通学制,加快推进上海现代职业教育体系建设

《上海现代职业教育体系建设规划(2015—2030年)》构建了"中等职业教育—高等职业专科教育—应用技术本科教育—专业学位研究生教育"纵向衔接的职业教育学制体系,提出未来将适度提高专科高职院校招收中职校毕业生的比例、应用技术类为主的本科院校招收职业学校毕业生的比例,打通从中职到专业学位研究生的上升通道,形成系统的、梯度的职业教育人才培养体系。要以规划为引领,加快立体化职业教育学制体系建设,积极贯通从中职到专科、从专科到本科多渠道、多形式衔接融通的"立交桥",包括从中考进入中等职业教育、中考进入5年制专科教育、中高职贯通、中职或高中毕业进入专科高职教育、中职或高中毕业生通过秋季高考进入高等教育、中职—应用本科贯通、专科—应用本科衔接、专科—专业学位一体化培养等。③

(二) 分层分类,优化职业院校结构

强化落实《上海职业教育高质量发展行动计划(2019—2022年)》,做精中等职业教育,做强高等职业教育,做实应用型本科教育,积极拓展专业学位研究生

---

① "四大品牌"是指上海服务、上海制造、上海购物和上海文化。
② 陈宝生在上海市教育大会上的讲话,2019年3月22日。
③ 上海市教育委员会等.上海高等教育布局结构与发展规划、现代职业教育体系建设规划发布[EB/OL].(2015-12-28)[2018-12-10].http://edu.sh.sov.cn/html/article/201512/85543.html.

教育。一是合理确定中等职业教育功能定位和中职学校发展走向,打破中等职业教育自成一体的封闭发展观念和办学格局,把进一步做精作为中职教育发展的重点,实现中等职业教育集约化、优质化、精品化发展。二是针对中职学校不同情况分类施策,支持具备条件的学校提升办学层次,推动条件暂不完备的学校加强与高职院校的专业联结,关闭已经停止招生、名存实亡以及办学方向和专业设置不符合上海经济社会发展现实需求的学校。三是实施高等职业教育双一流计划,推动一批高等职业院校和专业(群)进入国际一流、国内领先行列。四是深化职业教育办学体制改革,总结中职—高职贯通培养长期探索实践的经验教训,结合中职学校布局调整优化,强化中高职教育一体化发展,建设一批新型(五年一贯制)职业院校,推动中高职贯通人才培养由中职、高职双主体实施向新型职业院校单一主体转变,提升技术技能人才贯通培养质量。五是建立健全应用型大学分类评价标准,将评价结果与投入力度挂钩,引导应用型大学坚定职业教育办学定位,强化其在现代职业教育体系构建中的引领责任。[①]

(三) 对接需求,动态优化专业结构布局

主动对接行业需求,完善人才培养专业布局结构。推进产教融合、校企合作,大力培养高素质产业生力军。鼓励院校根据新技术、新业态增设新专业或新方向。对接上海产业地图,优化职业教育专业布局,引导学校加强区域有需求、行业有地位、国内有影响的专业(群)建设。加紧布局人工智能、生物医药、集成电路、航空航天、汽车制造、船舶制造等战略性新兴产业与先进制造业,以及家政、养老、护理、学前教育、酒店管理等民生事业领域和现代服务业领域的相关专业,调整关闭部分不符合经济社会发展需要或重复设置率高的专业点。[②] 探索建设应用技术型本科专业。根据国家构建现代职业教育体系的要求,结合区域经济社会发展及高等教育改革发展实际,引导并鼓励一批市属本科高校向应用型转变,在招生考试、学科专业建设、人才培养模式、社会科技服务、产学研协同创新等方面全面推进改革;引导培养应用型人才的本科专业由学科和知识本位转向行业企业技术技能需求导向;突破专业目录,促进专业转型,建设一批行业

---

① 上海教育.《上海职业教育高质量发展行动计划(2019—2022 年)》政策解读[EB/OL].(2019 - 12 - 19)[2020 - 02 - 13].http://edu.sh.gov.cn/html/article/201912/104221.html.

② 上海市人民政府.上海职业教育高质量发展行动计划(2019—2022 年)[EB/OL].(2019 - 12 - 17)[2019 - 12 - 28].http://www.shanghai.gov.cn/nw2/nw2314/nw2319/nw12344/u26aw63168.html.

特色鲜明、与职业岗位联系密切、培养应用型人才的本科专业。

四、进一步推进校企合作和产教融合改革

校企合作和产教融合是提高职业教育质量、促进职业院校转型发展的客观需要,是加速高技能人才规模化培养、更好满足企业需求的有效途径。当前上海职业学校校企合作主要模式有:顶岗实习;吸收合作企业成为学校教学指导委员会成员,参与设计学校人才培养方案;建立实训基地;聘请有丰富实践经验的一线技术人员在学校做兼职教师;与企业签订"订单"协议,实施订单式培养;组建职教集团等。[①] 但是在当前的制度环境下,依然没有明确学校、企业应该承担哪些权利和义务,作为用人主体的企业也依然处于鼓励参与的客体地位。在探索混合所有制办学方面也没有实质性进展,依然受制于当前法律框架下各方出资者无法实现正常收益的制度障碍。企业看不到明显的政策红利,在产教融合、校企合作时积极性不够,出现"雷声大、雨点小,协作多、融入少,一头热、一头冷"的现象。在职业教育进入改革"深水区"和面临发展转型的背景下,校企深度融合、破解发展困境已成为职业教育内涵发展的根本诉求。[②]

(一) 面向市场办学,促进校企深度融合

强化职业教育的应用性导向,建立和健全职业院校和企业联合培养技术技能人才的体制机制。推动一批行业龙头企业、高成长性企业与一大批优质职业院校强强联手、互利共赢,在人才培养方案制定、实训基地建设、教学模式改革、职业培训等方面实现"深度合作"。推动职业院校进一步面向市场办学,校企共同围绕职业能力和素质研究制定人才培养方案,及时将新技术、新工艺、新规范纳入教学标准和教学内容,提升专业内涵。[③] 推进职业院校与企业联合开发课程、联合设置专业,使职业院校的教学行为与企业需求紧密结合,实现校企"零距离"、理论与实践"零间隙"、毕业生上岗"零过渡"。通过合作开展订单培养,提升企业美誉度、解决企业自身及业务相关企业用人需求,推广先进企业标准和企业文化,为产业升级储备人才。鼓励行业积极参与职业院校办学和人才培养,充分

---

① 徐小红.职业学校校企合作激励机制探究[J].职业,2012(26):30.

② 张健.校企深度融合的突破点与创新法[J].江苏教育,2014(16):25.

③ 中华人民共和国国务院.国务院关于印发国家职业教育改革实施方案的通知[EB/OL].(2019-01-24)[2020-03-25].http://www.gov.cn/zhengce/content/2019-02/13/content_5365341.htm.

发挥行业主管部门的指导、评价和服务作用。

（二）完善激励机制和产权制度，提高企业的积极性

建立规模以上企业把职业教育开展情况纳入企业社会责任报告的制度，明确企事业单位承担学生社会实践和实习实训的职责任务和鼓励政策。建立产教融合型企业认证制度，对进入目录的产教融合型企业给予"金融＋财政＋土地＋信用"的组合式激励，并按规定落实相关税收政策。企业兴办职业教育的投资符合条件的，可按投资额一定比例抵免该企业当年应缴教育费附加和地方教育附加。[①] 通过组合式激励措施，提升企业承担职业教育责任的动力。

发挥企业重要办学主体作用，鼓励有条件的企业特别是大企业举办高质量职业教育，各级人民政府可按规定给予适当支持。支持和规范社会力量兴办职业教育培训，鼓励发展股份制、混合所有制等职业院校和各类职业培训机构。建立公开透明规范的民办职业教育准入、审批制度，探索民办职业教育负面清单制度，建立健全退出机制。[②] 完善校企合作产权制度，实现互利共赢。尤其是在国家鼓励混合所有制办学的情况下，特别注意要界定投入、收益的制度，通过制度设计，确保"谁投入、谁受益"，保障校企合作的动力与运行。

（三）打造校企人员双向交流协作共同体

加大政府统筹，依托职教园区、职教集团、产教融合型企业等建立校企人员双向交流协作共同体。建立校企人员双向流动相互兼职常态运行机制。在企业设置访问工程师、教师企业实践流动站、技能大师工作室。在标准要求、岗位设置、遴选聘任、专业发展、考核管理等方面综合施策，健全高技能人才到职业学校从教制度，聘请一大批企事业单位高技能人才、能工巧匠、非物质文化遗产传承人等到学校兼职任教。鼓励校企共建教师发展中心，在教师和员工培训、课程开发、实践教学、技术成果转化等方面开展深度合作，推动教师立足行业企业，开展科学研究，服务企业技术升级和产品研发。完善教师定期到企业实践制度，推进职业院校、应用型本科高校专业课教师每年至少累计1个月以多种形式参与企业实践或实训基地实

---

① 中华人民共和国国务院.国务院关于印发国家职业教育改革实施方案的通知[EB/OL].(2019 - 01 - 24)[2020 - 03 - 25].http://www.gov.cn/zhengce/content/2019-02/13/content_5365341.htm.

② 中华人民共和国国务院.国务院关于印发国家职业教育改革实施方案的通知[EB/OL].(2019 - 01 - 24)[2020 - 03 - 25].http://www.gov.cn/zhengce/content/2019-02/13/content_5365341.htm.

训。联合行业组织,遴选、建设教师企业实践基地和兼职教师资源库。①

五、不断完善教师收入分配制度改革

2014年起,上海市不断健全编制和薪酬机制。出台和完善各学段教师配置标准,动态调整教师岗位(编制)结构。以义务教育教师薪酬制度改革为切入点,研究制定符合义务教育特点和教师岗位属性的薪酬制度,确保义务教育教师工资收入高于市级机关公务员。在高等教育领域,促进高层次人才和创新团队收入分配机制改革,规范高校教师兼职兼薪的管理。整体上,上海市全面推进适应上海教育行业特点的薪酬制度和保障制度,凸显绩效激励的导向作用,取得了一定的效果,但仍然存在改进空间。

(一) 动态调整教师编制和岗位结构,扫清收入分配制度障碍

虽然上海市不断出台政策完善各学段教育机构教师配置标准,扩大学校在薪酬、岗位结构等方面的自主权并在部分高校进行试点,但从满意度调查结果和部分访谈来看,教师对人事薪酬制度的满意程度相对较低,教师配置标准、教师岗位结构(编制)等因素依然是影响教师收入分配不合理的制度障碍。

建议进一步完善并优化公办中小学(幼儿园)、中等职业学校机构教师配置标准,建立市级统筹、区级调剂的学校编制动态调配机制,动态调整教师岗位(编制)结构。统一城乡基础教育教师配置标准,促进基础教育优质均衡发展。引导民办学校配齐配足教师,依法保障民办学校教师在业务培训、职务聘任、教龄和工龄计算、表彰奖励、科研立项等方面享有与公办学校教师同等的权利。出台基于分类管理的高校教师配置标准和专业技术岗位结构比例核定标准,鼓励高校建立教师动态配置机制,根据岗位需求差异探索灵活用人制度。在此基础上,政府和教育主管部门应该根据教师岗位结构(编制)需求建立动态监控和支撑机制,适当扩大财政经费投入比例,增加学校尤其是高校对教师薪酬的自主权。探索将使用财政经费的薪资作为教师收入的基础保障,将教师开展社会服务所获的收入的分配权交给高校。

---

① 中华人民共和国国务院.国务院关于印发国家职业教育改革实施方案的通知[EB/OL].(2019 - 01 - 24)[2020 - 03 - 25].http://www.gov.cn/zhengce/content/2019-02/13/content_5365341.htm.

(二) 优劳优酬,着力深化绩效工资制度改革

教师收入分配制度是推进教师队伍建设改革的关键之举。通过调查发现,教师收入分配制度的主要问题集中在绩效工资制度上。在基础教育领域,绩效工资下发的统计口径是"人均",可能会造成新的平均主义和"大锅饭"。在职业教育领域,受绩效工资总量的影响,在产教融合方面可能无法真正做到多劳多酬。在高等教育领域,随着高层次人才和创新团队收入分配机制改革,很多高校高层次人才的引进经费过高,在绩效工资总量限定的情况下不可避免地出现群体收入分配不公平、不合理问题。

建议主管部门对基础性绩效工资问题出台有关政策文本,厘清劳务性收入与绩效工资之间的关系。未来绩效工资改革的方向应该是坚持拉大差距,体现优劳优酬。第一,科学核定绩效工资总量。在维持现行的绩效工资总量控制政策的基础上,应以科学核定的学校编制数为基础,取代实有人数为核定总量的基础。将部分收入不纳入绩效工资范围,如职业院校教师服务企业部分的收入、教师所做项目的收入、教师社会服务的收入、高层次人才引进费用等。第二,建立绩效工资正常增长机制,确保教师收入逐步增长,建立不同学段教师绩效工资动态平衡机制。使学前教育、义务教育、高中教育、高等教育学段教师绩效工资水平维持合理比例。高校普通教师的薪酬制度改革应该重点列入改革计划,建立长效的工资增长机制,确保教师工资收入高于市级机关公务员。第三,改进绩效工资下拨方式,将总量核定按人均方式下拨改为两部分下拨,其中一部分为基本的、平均的收入,另一部分则专门用于奖励优秀教师。鼓励各级学校注重对师德师风、教育教学、教育科研、社会服务等开展综合评价,在坚持多劳多得、优绩优酬的分配原则下,鼓励对一线教师、骨干教师、考核优秀的教师、长期在乡村学校任教的教师予以重点倾斜。

六、严格规范科研经费使用

近年来,我国高校科研人员在科研经费使用过程中出现比较普遍的不规范现象。例如:一些科研人员在项目经费报销时不结合实际科研活动,随意扩大支出范围,使一些与科研项目无关的招待费、管理费、劳务费等以虚开发票、虚报专家指导费的形式得以报销;部分科研人员在科研经费报销中存在开具虚假发票,以学生名义冒领劳务费,以虚假合同套取科研资金等违法违纪行为,引起政府有

关部门和高校的高度重视。

为了解决高校科研经费使用中的不规范问题,政府有关部门制定了一系列政策文件,接下来的关键是推动各高校严守财经纪律、强化规范管理:一是要求各高校深刻把握文件精神和具体要求,切实履行法人责任,做好相关政策文件的落地衔接工作;二是要求各高校严守财经纪律,细化制度建设,完善内控机制,规范工作流程和项目管理,加强事中事后监管和科研诚信建设。针对当前科研经费管理过程中存在的问题,提出如下建议。

(一) 改革科研经费管理方式,逐步实行科研项目经费使用"包干制"

2019 年 3 月 5 日,十三届全国人大二次会议在北京召开,国务院总理李克强在政府工作报告中提出:"进一步提高基础研究项目间接经费占比,开展项目经费使用'包干制'改革试点,不设科目比例限制,由科研团队自主决定使用。"这是科研经费使用"包干制"首次被写入政府工作报告。在随后国家自然科学基金委员会的包干制试点中,实行科研经费使用包干根据科研人员的经费管理、科研成果、科学操守、素养及科研团队的稳定性等前提条件决定。科研经费管理由预算管理制改为包干制,这是符合科研规律的改革,当然这项改革必须有严格的实施条件。今后应加强研究,在条件成熟时逐步扩大科研项目经费使用"包干制"的项目实施范围和人员实施范围。

(二) 逐步扩大科研经费中劳务费的支出范围和支出比例

2018 年 1 月 1 日开始实施的《上海市科研计划项目(课题)专项经费管理办法》第九条规定:"劳务费是指在项目(课题)实施过程中支付给项目(课题)组成员、因科研项目(课题)需要引进的人才以及临时聘用人员的劳务性费用。劳务费支出控制在申请专项经费支出总额的 30% 以内;对于基础研究类、软科学类和软件开发类等项目(课题),劳务费支出总额控制在申请专项经费支出总额的 50% 以内。其中劳务费支出标准应控制在 8000 元/人/月以内。引进人才以及临时聘用人员的支出标准在不突破该项目(课题)劳务费支出总额的前提下,由项目(课题)承担单位编制确定。通过公开竞标获得的科研项目,劳务费不计入单位绩效工资总量。"[1]在上述规定中,允许高校科研项目负责人向本校参与项

---

① 上海市财政局,上海市科学技术委员会.上海市科研计划项目(课题)专项经费管理办法[EB/OL].(2017－12－27)[2019－05－06].http://www.czj.sh.gov.cn/zys_8908/zcfg_8983/zcfb_8985/jkww_9022/201712/t20171229_176757.shtml.

目研究的在职教师支付劳务费,同时,劳务费在项目全部经费中的支出比例也有所提高,这一点值得其他类别的科研项目借鉴。

七、持续扩大教育对外开放

持续扩大教育对外开放,既是上海教育迈向现代化的必由之路,也是上海实现"五个中心"建设和卓越服务城市建设的重要支撑,更是服务国家"一带一路"倡议、缓解国家教育贸易逆差的突出抓手。当前,上海已具备良好的教育对外开放基础,但在中外合作办学和来华留学教育等方面还需要进一步加强。

(一)对标国内主要省市,上海教育对外开放兼有优势和短板

近年来,我国教育对外开放深入发展。上海、北京、广东、江苏、浙江等地,依托各自地理区位优势和优质教育资源,积极探索差异化的教育对外开放发展路径,建设成效显著。在中外合作办学、来华留学和出国留学等方面,上海表现出自身优势、特色的同时也存在短板。

据教育部中外合作办学监管工作信息平台数据,截至 2019 年 9 月,我国共有本科及以上中外合作办学机构和项目 1176 个,其中包括中外合作办学机构 103 个、中外合作办学项目 1073 个,分布于全国 28 个省(市、自治区)。从总体数量规模上看,上海以 98 个位列全国第三,较北京和广东具有优势;同时也是合作办学机构与项目覆盖学历层次最全的四个省市之一,显示了强劲的中外合作办学实力;但在具有独立法人资格的机构方面,则是深圳走在前列,上海仅有一所上海纽约大学,且其远期办学规模相较深圳北理莫斯科大学和香港中文大学(深圳)差距明显,还不足以匹配上海教育对外开放的供给需求。从中外合作办学培养层次看,上海面向硕士及以上的机构和项目占比达 30.6%,位列全国第四,整体实力较强;但相较于广东 57.1%、北京 55.6% 的占比,还有不小的差距。未来应更加侧重研究生层次的办学定位,力争凭借人才培养层次的"高端"优势,成功实现异军突起。从合作办学对象的地域分布看,上海与境外 18 个国家和地区一同建立了合作办学机构和项目,合作对象多样化特征鲜明,其中欧美国家参与的项目占比高达 88.4%,一定程度上也代表了外方合作高校相对较高的办学水平。在境外办学方面,上海高等教育"走出去"的实践探索还有待进一步丰富。我国目前已拥有中方高校海外独立办学,如厦门大学马来西亚分校、北京大学汇丰商学院英国校区、大连海事大学斯里兰卡分校等共十余所,约占境外办学总量的 10% 左右,而上海目前尚缺乏此类海外独立办学形态。在创新中外合作办学

特色模式方面,上海成功探索出了一条"以我为主""落地生根""为我所用"的特色发展路径。以本科层次为例,上海有近80%的中外合作办学机构和项目采取"4+0"[①]的"本土留学"模式,学生完全不用出国,仅在国内就可以完成整个培养过程,在节约出国留学成本的同时,深度呼应了"中国特色、世界一流"的国际化创新人才培养需求,使人才培养能够更加贴合区域经济发展要求,体现出鲜明的中国烙印。相比之下,国内其他省份多以"2+2""3+1"模式为主,往往容易演变为境外高校教育产业化战略的"留学生输出基地",两者之间形成鲜明对比。

此外,近年来我国持续保持亚洲最大留学目的国地位,来华留学向高层次、高质量方向发展。教育部统计数据显示,2018年共有来自196个国家和地区的49.22万名留学生,在全国31个省(市、自治区)的1004所高等院校、科研院所和其他教育机构学习、研修、培训。其中,上海来华留学学生规模始终稳居全国第二,仅次于北京,且占比远超其他省市,显示出强大的来华留学吸纳力和承载力。但相较浙江和江苏近两年来华留学人数增幅明显,上海的规模逐渐稳定,显示出上海来华留学教育市场日趋成熟,逐渐由规模扩张向层次提升和内涵发展转变。进一步以北京为对标,上海在吸引高水平留学生源和鼓励高校做好来华留学教育方面表现突出。从留学生生源国(地区)分布情况看(见表6-1),北京和上海均以亚洲留学生源为主,并同时保持了生源地分布的多样性和均衡性;上海的欧洲和北美洲生源合计占比超过34%,高于北京的25%,说明在吸纳高水平留学生方面上海相较北京更具优势。

表6-1　2017年上海、北京高等教育外国留学生来源国(地区)分布情况统计[②]

		亚洲	非洲	欧洲	北美洲	南美洲	大洋洲	总计	标准差
上海	人数	17499	2475	8078	2921	644	324	31941	6008
	占比	55%	8%	25%	9%	2%	1%	100%	0.18
北京	人数	25154	4731	7411	3072	943	679	41990	8435
	占比	60%	11%	18%	7%	2%	2%	100%	0.20

资料来源:根据上海市、北京市教育统计年鉴相关数据整理。

---

① 郭强.高等教育中外合作办学区域特色建构研究[J].教育理论与实践,2017(33):3-6.
② 上海统计年鉴委员会.2018年上海统计年鉴[EB/OL].(2019-01-15)[2019-09-29].http://www.stats-sh.gov.cn/html/sjfb/201901/1003014.html.;北京市教育委员会.2018北京教育年鉴[EB/OL].(2018-06-20)[2019-09-29].http://tjj.beijing.gov.cn/nj/main/2018-tjnj/zk/indexch.htm.

　　从留学费用来源情况看(见表6-2),北京和上海均以自费留学生源为主;上海"学校间交换"的学生人数及占比均高于北京,说明上海高校提供了更多的来华留学机会,在承担来华留学教育职能方面具有优势;而上海"中国政府资助"的学生占比为24%,低于北京的33%,说明其在发挥中国政府奖学金的杠杆作用,提高留学吸引力方面逊于北京。

表6-2　2017年上海、北京高等教育外国留学生留学费用来源情况统计①

		中国政府资助	本国政府资助	国际组织资助	学校间交换	自费	总计
上海	人数	7607	406	24	3602	20302	31941
	占比	24%	1%	0%②	11%	64%	100%
北京	人数	13788	598	436	3243	23925	41990
	占比	33%	1%	1%	8%	57%	100%

资料来源:根据上海市、北京市教育统计年鉴相关数据整理。

(二)　鉴于国内巨大留学需求,上海教育对外开放供给规模有待扩大

　　相比于上海城市全球化发展程度和世界一流高等教育发展程度,上海的教育对外开放水平还不足以与其城市地位和教育地位相匹配。尤其面对当前我国"留学逆差"造成大量财富外流的现实,更加需要上海等城市切实加快建设卓越教育服务城市的步伐,做到率先探索、率先示范、提质增效、服务大局。通过立足国内留学需求,借助特色中外合作办学模式,扩大上海教育对外开放供给,以适当弥补我国在教育经济方面的贸易逆差,在教育对外开放方面做出与其高等教育发展水平相适应的突出贡献。

　　从全国整体情况看,我国教育对外开放远未达到"引进来"和"走出去"协同发展的理想状态。一方面,2014年起我国每年出国留学人数远超来华留学人数,留学"赤字"持续增加(见图6-1),优秀人才呈现出"一边倒"的"输出""外

① 　上海统计年鉴委员会.2018年上海统计年鉴[EB/OL].(2019-01-15)[2019-09-29].http://www.stats-sh.gov.cn/html/sjfb/201901/1003014.html.;北京市教育委员会.2018年北京教育年鉴[EB/OL].(2018-06-20)[2019-09-29].http://tjj.beijing.gov.cn/nj/main/2018-tjnj/zk/indexch.htm.

② 　此数据计算结果实际约为0.08%,但由于表格中各项比例计算统一保留至整数位,故此数据四舍五入后体现为0%。

流"现象。① 以 2018 年为例,我国持续保持世界最大留学生生源国地位,出国留学人数高达 66.21 万人,同比增长 8.83%;而来华留学人数仅 49.22 万人,同比增长 0.62%;两者增幅相差超过 8 个百分点。由此得出,我国当年留学贸易逆差接近 17 万人次,并有持续扩大的趋势。

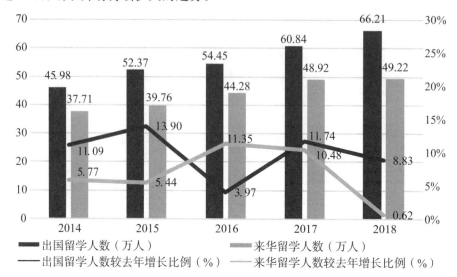

图 6-1 2014—2018 年我国出国留学与来华留学人数增长情况对比

资料来源:根据教育部和国家统计局相关数据整理。

另一方面,我国出国留学学生中自费留学的比例始终居高不下,至今已连续九年接近或超过 90%。可见,国外优质高等教育资源对我国学生的吸引力始终高涨,出国留学消费市场相当广阔。根据 2018 年泰晤士最新发布的全球留学费用②和 2018 年我国出国留学目的地国家(地区)占比情况,大致进行估算,发现 2018 年我国 59.63 万名自费出国留学学生,预计共花费 118.58 亿英镑求学费用。而如果算上海外自费留学的存量学生人数,我国的资金外流将远远不止这些。要想改变这种局面,必须有赖于一流高校扩大教育对外开放供给能力。

(三) 充分依托自身优势,建立高质量教育供给的卓越全球城市

《上海市城市总体规划(2016—2040 年)》提出,上海要在 2040 年建成卓越

---

① 郭强,赵风波."一带一路"战略下的中俄跨境高等教育[J].中国高教研究,2017(07):56-61.
② 新航道.2018 年 TIMES 最新发布的全球留学费用排名[EB/OL].(2017-06-20)[2019-07-18].http://sh.xhd.cn/msbw/657453.html.

的全球城市。而进一步扩大教育对外开放,既是上海教育迈向现代化的必由之路,也是上海实现"五个中心"建设和卓越全球城市建设的重要支撑。面对教育对外开放如何更好地服务城市发展和国家战略的时代命题,上海作为改革开放的前沿阵地和国际化程度最高的内地城市之一,必须充分依托自身优势,提高教育对外开放水平,力争做好优质教育资源"引进来"的排头兵,当好高等教育走出去的"先行者",重点在"建立高质量教育供给的卓越全球城市"方面做出努力。具体包括以下几个方面。

1. 探索特色发展路径,丰富供给形式

在中外合作办学蓬勃发展的态势下,竞争不可避免。上海必须树立差异化战略意识,找准切入点,形成自身的核心竞争力。要持续丰富特色中外合作项目,通过发挥优质高等教育资源集聚优势,增强本土科研团队实力,以吸引更多世界一流高校开展合作办学,同时注意进一步平衡各类中外合作项目在学历层次、学科属性、专业分布等方面的数量布局,鼓励其走差异化发展道路,力争形成以"独立法人中外合作办学"和"高质量多样化中外合作项目"为两翼的教育对外开放供给格局。同时,要坚持发扬"以我为主""落地生根"的中外合作办学经验,推广"4+0"特色办学模式。通过整体引进尽可能保证办学的"原汁原味性",使境外先进的教育理念、教学管理经验、日常管理运行决策机制等,都能够较为有效地落实到位;同时帮助学生以远低于海外留学的费用,不出国门就能享受到国外一流大学的教育资源,形成本土特色的教育对外开放供给形式。

2. 关注留学市场需求,扩大供给规模

一方面,服务"一带一路"国家战略,要面向国外市场扩大供给。近年来"一带一路"沿线国家的来华留学生人数比例逐年上升,意味着我国教育资源的对外吸引力不断增强。而国际市场的逐年开拓,则为高等教育中外合作办学开拓新的发展方向、由仅注重内向发展向开拓境外市场转变提供了可能。因此要抓住机遇,利用好国际市场潜能,积极助推我国教育对外开放在"输入"和"输出"两个方向上达到基本平衡。另一方面,满足人民群众的优质教育需求,要面向国内市场扩大供给。针对当前我国"留学贸易逆差"持续扩大的现状,除了在符合国家中外合作办学规定的前提下,开发、建立更多高质量的国际合作办学机构和办学项目外,还要重视扩大上海一流高校的中外合作项目招生名额,以适当分流部分高等教育出国留学需求。现阶段,三本和独立学院的招生名额扩张太多,但复旦大学、上海交通大学、上海财经大学等高校招生名额的增幅实际并不多,建议鼓励一流大学扩大教育供给服务规模,通过复旦大学、上海交通大学等国内一流大学把学生送出去留学,而非让学生通过留学中介直接出国,这样不仅有利于加强人才培养质量的保障,也将有助于培养学生对国内教育的认同感,使其求学之路带上鲜明的中国特色烙印。

3. 加强政策支持和决策咨询,提高供给质量

首先,加强资金重点扶持力度,在优质项目上重点投入。针对不同类别、不同层次的机构或项目,制定以办学特色为重要内容的评价标准,并将评价标准与资源配置相结合,从政策和资源方面规制和引导中外合作办学机构或项目瞄准某些重点学科、专业领域持续提升影响力。[①] 其次,充分发挥政府决策咨询的引导作用。响应国家对外合作的重大战略举措,组织力量深入研究欧美发达国家以及上海合作组织区域经济合作区、"一带一路"沿线等新兴经济体和发展中国家的跨境高等教育市场、法律法规、办学理念和教育治理结构,对各类中外合作办学项目的质量和可行性进行把关,为国内高校"走出去"提供信息咨询和决策支持。[②] 最后,既开"窗户"又设"纱窗"[③],做好教育对外开放的监管工作,保障供给质量。重点着眼于师资配置的教学科研水平和外方高校本身的办学声誉,加强对来华合作外方院校的全方位、针对性评估。加强对课程体系建设、教学环节及内容的过程监管,通过构建系统完善的准入和退出机制,将提质增效目标落到实处。

---

① 王志强.新时代高等教育中外合作办学的历史变迁与未来展望[J].黑龙江高教研究,2019(08):74-78.

② 郭强.高等教育中外合作办学区域特色建构研究[J].教育理论与实践,2017(33):3-6.

③ 熊建辉.中外合作办学的发展阶段与展望[N].学习时报,2019-01-18.

附录 1 学生发展方面的政策与举措

观测点	改革目标	改革举措	改革政策
C1 提升学生思想道德和身心综合素养	1. 构建大中小学德育一体化体系	（1）基础教育全面落实"学科德育"。编制学科德育教学指南和学校综合德育活动指导意见，建成 1000 多堂覆盖全学科的"特色示范课堂""学科德育精品课"资源库；持续建设 8 个上海市学科德育协同研究中心、35 个中小学骨干教师德育实训基地、17 个覆盖全学段的中小学班主任带头人工作室；28 个案例获评全国中小学德育工作典型经验	（1）《关于建立完善培育和践行社会主义核心价值观长效机制的实施意见》（沪教卫党〔2014〕226 号） （2）《中共上海市教育卫生工作委员会 上海市教育委员会关于完善中华优秀传统文化教育长效机制的实施意见》（沪教委德〔2014〕35 号） （3）《上海市高中体育专项化课程改革指导意见（试行）》（沪教委体〔2015〕57 号） （4）中共上海市教育卫生工作委员会、上海市教育委员会《关于加强新一轮上海市中小学骨干教师德育实训基地建设的实施意见》（沪教委德〔2015〕24 号） （5）《上海市人民政府办公厅关于全面加强和改进学校美育工作的实施意见》（沪府办发〔2016〕24 号） （6）《上海市学校体育发展"十三五"规划》（沪教委体〔2016〕56 号） （7）《上海市学校德育"十三五"规划》（沪教委德〔2016〕36 号） （8）《上海市体教结合促进计划（2016—2020 年）》（2016 年） （9）《上海市教育委员会等 7 部门关于加快发展青少年校园足球的实施意见》（2016 年）
		（2）高等教育率先践行"课程思政"。确定整体试点校 12 所、重点培育校 12 所；创新建设"4＋1＋X"上海高校思政课程体系，实现"三个全覆盖"；启动上海高校思政工作"三圈三全十育人"综合改革，获批全国首批"三全育人"试点区，2 所高校入选首批整体试点校，4 家高校二级学院入选首批试点学院	

（续表）

观测点	改革目标	改革举措	改革政策
C1 提升学生思想道德和身心综合素养	1.构建大中小学德育一体化体系	（3）系统推进社会主义核心价值观和中华优秀传统文化教育，编撰完成10余册《中华优秀传统文化经典诵读》系列教材，覆盖小学、初中、高中三个学段	（10）中共上海市教育卫生工作委员会、上海市教育委员会《关于推进上海高校课程思政教育教学改革试点工作的通知》（沪教委德〔2017〕11号）（11）中共上海市教育卫生工作委员会、上海市教育委员会关于印发《2017年上海高校思想政治理论课教学质量年专项工作总体方案》的通知（沪教委德〔2017〕31号）
	2.以体教结合改革促进学生体质健康	（1）系统推进学校体育教学改革，初步建立纵向贯通、有效衔接的"小学兴趣化、初中多样化、高中专项化、大学个性化"的体育课程体系	（12）上海市教育委员会关于印发《上海市小学体育兴趣化、初中体育多样化课程改革指导意见（试行）》的通知（沪教委体〔2018〕36号）（13）《上海市教育委员会关于加强中小学生涯教育的指导意见》（沪教委德〔2018〕8号）
		（2）深入开展中小学生"每天一小时校园体育活动"，推动构建大中小学"一条龙"课余训练体系，投入建设青少年校外体育活动中心	（14）上海市人民政府办公厅印发《关于加强本市中小学体育艺术工作的指导意见》的通知（沪府办规〔2019〕10号）
		（3）大力发展青少年校园足球，全市90所中小学成为全国首批足球特色学校，崇明区成为首批全国足球试点区	（15）上海市教育委员会等5部门《关于进一步加强本市学校体育场馆向社会开放工作的实施意见》（沪教委体〔2019〕71号）（16）上海市教育委员会等4部门关于印发《上海市学校体育场馆向社会开放导则》的通知（沪教委规〔2019〕6号）
		（4）完善体育素养评价指标体系。成立上海学校体育评估中心，构建学生体质健康三级监测网络	
		（5）积极开展健康教育	

（续表）

观测点	改革目标	改革举措	改革政策
C1 提升学生思想道德和身心综合素养	3. 以文教结合改革提升学生美育和人文素养	（1）实施面向人人的艺术普及教育，进一步推进艺术类课程改革，建立大中小学相互衔接的艺术教育课程体系	（17）中共上海市教育卫生工作委员会、上海市教育委员会关于印发《上海高校思想政治工作专项经费管理办法（试行）》《上海高校马克思主义理论学科、思想政治理论课建设绩效评价指标（2019 年本）》《上海高校马克思主义学院建设规范（2019 年本）》的通知（沪教委德〔2019〕21 号）
		（2）拓展艺术教育新途径，推进社会艺术场馆、专业院团与学校艺术教育的有机结合，丰富学校艺术教育的形式，培养高水平艺术后备人才	
C2 促进基础教育优质均衡发展	推动城乡基础教育一体化发展	（1）统一义务教育办学 5 项标准，包括完善学校中小学建设标准、优化学校教育装备配置、加强学校信息化环境建设、健全教师配置及收入标准和探索生均拨款基本标准。其中教师基本待遇"一体化"和"一场一馆一池"基础设施建设的顺利推进，使农村学校、薄弱学校与城镇学校、优质学校间的差距大幅缩小	（1）《上海市教育委员会关于实施第五轮农村义务教育学校委托管理工作的意见》（沪教委基〔2015〕54 号） （2）《促进上海城乡义务教育一体化的实施意见（暂行）》（沪教委发〔2015〕139 号） （3）《上海市新优质学校集群发展三年行动计划（2015—2017 年）》（沪教委基〔2015〕77 号） （4）《关于促进优质均衡发展、推进学区化集团化办学的实施意见》（沪教委基〔2015〕80 号） （5）上海市人民政府关于印发《上海市城乡发展一体化"十三五"规划》的通知（沪府发〔2016〕93 号）（包含城乡义务教育五项标准统一） （6）《上海市教育委员会关于本市实施义务教育"城乡学校携手共进计划"的意见》（沪教委基〔2017〕59 号）

(续表)

观测点	改革目标	改革举措	改革政策
C2 促进基础教育优质均衡发展	推动城乡基础教育一体化发展	(2) 推行学区化、集团化办学和新优质学校集群式发展。至 2018 年底,全市共建有学区和集团 190 个,覆盖 70% 以上的义务教育学校;市、区两级新优质学校集群覆盖义务教育阶段 382 所学校,约占全市义务教育学校总数的 25%。2019 年,启动上海市紧密型学区和集团首批创建工作	(7)《上海市人民政府办公厅转发市教委等四部门关于来沪人员随迁子女就读本市各级各类学校实施意见的通知》(沪府办规〔2018〕5 号) (8)《上海市教育委员会关于推进本市紧密型学区和集团建设的实施意见》(2019 年) (9) 上海市教育委员会等 6 部门《关于全面加强本市乡村小规模学校和乡镇寄宿制学校建设的实施意见》(沪教委基〔2019〕57 号) (10)《上海市推进特色普通高中建设实施方案(试行)》(2014 年)
		(3) 扎实推进名校对口办学和委托管理工作,推进城区优质教育资源向郊区辐射。至 2017 年底,已连续开展 5 轮托管工作,共有 150 余所相对薄弱的学校接受托管,覆盖 3300 个班级,受益学生超过 12 万人	
		(4) 建立健全教师资源均衡配置的柔性流动机制,通过增设特级教师评选名额等鼓励"双特"教师从市区学校到郊区支教。四年来共选派中心城区的 9 名新晋特级校长、50 名新评特级教师分赴 8 个郊区的 9 所学校开展工作,大大激活了郊区教育	

（续表）

观测点	改革目标	改革举措	改革政策
C3　健全基础教育质量综合评价机制	1. 深化绿色指标评价改革和新优质学校评价改革	（1）推进中小学学业质量综合评价改革，研制实施上海市中小学学业质量绿色指标并组织测试完成年度"绿色指标"综合评价分析，推出上海市中小学校"绿色指标"升级版	（1）《小学中高年段语数外学科基于课程标准评价指南》 （2）《市级中小学生竞赛活动（非体育类）管理办法》（沪教委基〔2016〕38 号）
		（2）着力打造一批"不挑生源、不集聚资源、不以分数排名为教育追求"的新优质学校	
	2. 健全学生综合素质评价观测体系	（1）推动信息技术在基础教育质量评价中的应用，建设中小学生综合素质评价数据库系统，开发上线上海市学生社会实践信息记录电子平台	
		（2）全面推进中小学教育质量综合评价改革实验区建设，研制区教育质量综合评估标准，组织申报基于课程标准教学与评价研究课题，开展全市初中教育基本状况调研	
C4　改革职业教育贯通培养模式	1. 构建从中职到专业学位研究生各学段相互衔接的体系	（1）探索构建"中职—高职""中职—应用技术本科""高职—应用技术本科"等贯通培养模式	（1）《上海市教育委员会关于开展中等职业教育——应用本科教育贯通培养模式试点工作的通知》（沪教委职〔2014〕29 号） （2）《上海现代职业教育体系建设规划（2015—2030 年）》（沪教委职〔2015〕30 号）

（续表）

观测点	改革目标	改革举措	改革政策
C4 改革职业教育贯通培养模式	1. 构建从中职到专业学位研究生各学段相互衔接的体系	(2) 推动地方本科院校转型发展,鼓励行业特色鲜明、专业设置与职业岗位联系密切的本科院校转型为从事应用本科,直至专业学位研究生层次的职业教育	《上海市人民政府关于加快发展现代职业教育的决定》(沪府发〔2015〕9号)
	2. 加强中职学历证书与职业资格证书"双证融通"的改革力度	(1) 加强"双证融通"改革力度。至2018年底,先后分六批共计36所中等职业学校、15个专业、59个专业点参与立项试点,设计形成21种配套职业资格证书和78门新开发实施的"双证融通"课程	(3)《上海市中等职业学校"双证通"专业改革试点工作指南》(2015年) (4)《上海市高等职业教育创新发展行动计划(2015—2018年)实施方案》(沪教委高〔2016〕59号) (5)《上海市职业教育改革和发展"十三五"规划》(沪教委职〔2016〕51号) (6)《上海市中等职业学校专业教学工作自主诊断与改进实施方案》(沪教委职〔2018〕24号)
		(2) 2019年,上海市大力推动应用型本科高校、高职院校、中职学校积极参与"1+X"证书制度建设	(7)《上海市中等职业学校"双证融通"专业改革试点工作指导手册》试行本及修订本(2017年) (8)《上海市教育委员会关于上海市职业院校制订中高职教育贯通专业人才培养方案的指导意见(试行)》(沪教委职〔2018〕20号)
	3. 打造"双师型"职业教育教师队伍	(1) 实施"双师型"教师专业技术职务和岗位标准,深入推进中职特聘兼职教师资助管理工作	(9)《上海市教育委员会关于开展中高职教育贯通专业教学标准开发试点工作的通知》(沪教委职〔2018〕26号)
		(2) 提升职业教育教师能力水平,组织开展中等职业教育名师培育试点和中高职学校教师赴企业实践培训	(10)《上海市教育委员会关于建设中高职教育贯通、中等职业教育—应用本科教育贯通高水平专业的通知》(沪教委职〔2018〕28号)
		(3) 开展新进教师规范化培训工作。开展市级培训基地开放日活动,形成基地。形成学校育人合力,加强基地之间的相互观摩、学习与交流。组织开展新进教师教学能力大赛	

（续表）

观测点	改革目标	改革举措	改革政策
C4　改革职业教育贯通培养模式	4.深化职业教育教学改革	（1）推进专业课程标准和教材建设。研制上海中职"匠心匠艺"优质课堂建设五年方案；立项23门中高职专业教学标准和42个贯通高水平专业；开展中高职院校教学诊断与改进专家库建设，指导提升教学质量	（11）《上海职业教育高质量发展行动计划（2019—2022年）》（沪府办〔2019〕128号） （12）上海市教育委员会关于印发《上海深化产教融合推进一流专科高等职业教育建设试点方案》的通知（沪教委高〔2019〕11号） （13）上海市人民政府办公厅关于印发《上海职业教育高质量发展行动计划（2019—2022年）》的通知（沪府办〔2019〕128号）
		（2）大力推进国际水平专业教学标准的开发与实施。至2018年底，共开发56个体现国际水平的专业教学标准，试点实施24个国际水平专业教学标准，汇编并出版28个典型案例	
		（3）试点现代学徒制。7所学校入选教育部现代学徒制试点学校；5所学校的5个专业成为教育部现代学徒制高职试点专业；11所学校的11个项目成为首批上海市中等职业学校现代学徒制试点项目	
		（4）构建职业教育全面对接职业岗位需求的机制。至2017年初，成立9个行业职教集团，15个区域职教集团，吸纳成员单位800多家，成为职业教育校企合作的重要载体	

(续表)

观测点	改革目标	改革举措	改革政策
C5 创新一流本科教育发展模式	1. 推动高校本科教育教学改革	(1) 启动实施上海高等学校一流本科建设引领计划	(1)《上海市普通高等学校本科专业设置管理实施细则》(沪教委规〔2017〕1号) (2)《上海市教育委员会关于深入推进本科教学教师激励计划的指导意见》(沪教委高〔2017〕64号) (3)《上海高等学校创新人才培养机制 推进一流本科建设试点方案》的通知(沪教委高〔2018〕14号) (4)《关于本市统筹推进一流大学和一流学科建设实施意见》(沪府发〔2018〕7号) (5)《上海市目录外应用型本科专业设置省级审批试点方案》 (6)《上海市普通高校目录外应用型本科专业设置管理办法》
		(2) 开展各类课程建设,推进通识教育改革	
		(3) 推行本科教学教师激励计划,建立并完善教学考核评价与激励办法	
		(4) 组织开展本科教学工作审核评估,加强教学质量管理	
	2. 参照国际标准建设本科专业,深化应用型人才培养工作	(1) 参与国际专业认证、探索构建认证专业标准,建设精品本科专业	
		(2) 开展上海市应用型本科新专业设置和建设改革试点,制定试点方案和管理办法	
		(3) 分批启动应用型本科试点专业建设申报遴选。2016年,批准19个专业列入第二批应用型本科专业试点建设名单,指导两批共45个专业做好试点工作;2017年,10个目录外本科专业报教育部备案;2018年,批准立项建设26个专业,审批通过5个目录外本科专业完成	
	3. 开展本科专业自评	研究探索新型本科专业质量治理模式,引导高校建立5年一轮的本科专业自主评估机制	

（续表）

观测点	改革目标	改革举措	改革政策
C6　构建开放优质的终身教育学习体系	1. 开展多元开放的学历教育，引导高校继续教育转型	（1）完善上海开放大学办学系统建设，促进上海开放大学内涵发展	（1）《上海市老年学校建设标准指导意见（试行）》（2015 年） （2）《上海市教育委员会等七部门关于进一步推进本市学习型社会建设的若干意见》（沪教委终〔2016〕9 号）
		（2）制定民办培训机构规范性文件，规范教育培训市场秩序	
		（3）增强"上海学习网"等数字化平台的用户体验度和学习便捷性	（3）《关于促进本市互联网教育发展的指导意见》（沪教委终〔2016〕10 号） （4）《上海市老年学校建设指导标准》（沪教委终〔2016〕11 号）
	2. 实行学分互认转换，建立市民需求和能力监测制度	（1）推进终身教育学分银行和资格框架体系建设	（5）《上海终身教育发展"十三五"规划》（沪教委终〔2016〕15 号） （6）《上海市老年教育发展"十三五"规划》（沪教委终〔2016〕16 号）
		（2）深化市民终身学习体验基地建设。上海市民终身学习体验基地被教育部、中国成人教育协会评为"2016 特别受百姓喜爱的终身学习品牌项目"，市民体验站点达到 105 个，体验项目达到 291 项，参与 8 大市民终身学习体验基地活动总人数近 100 万人次	（7）《上海市关于推进本市普通高校继续教育转型发展的指导意见》（沪教委终〔2017〕4 号） （8）《关于进一步推进上海市民终身学习体验基地建设的指导意见》（沪学习促进办〔2017〕4 号） （9）《上海市民终身学习体验基地评估指标（2017 版）》（2017 年） （10）《上海市民终身学习体验基地（区级）建设指导标准》（2017 年）
		（3）推进终身学习"立交桥"建设，开通"学分银行在线课程学习平台"	（11）《上海开放大学关于进一步加强系统建设的若干意见》（2017 年） （12）《关于推进学习型乡村试点建设的指导意见》（2018 年）
		（4）建立长三角开放教育学分银行平台，实现学分银行系统间的互联互通和资源共享，服务长三角地区终身学习区域联动机制和学习型社会建设	（13）《长三角地区社区教育、老年教育协作三年行动计划（2019—2021 年）》（2019 年） （14）《关于成立长三角地区开放教育学分银行的通知》（2019 年）

(续表)

观测点	改革目标	改革举措	改革政策
C6 构建开放优质的终身教育学习体系	3. 建立终身学习质量保障机制	制定发布全国首个基层老年教育机构建设标准指导意见。全市已形成4所市级老年大学(下设高校、行业等60所分校和系统校)、21所区级老年大学、222所街道(乡镇)老年学校以及5139个村居委学习点、167个养老机构学习点	(15)《长三角地区开放教育学分银行建设方案》(2019年)
C7 改革基础教育考试招生制度	1. 优化义务教育阶段招生入学机制	(1) 坚持"免试就近入学"原则,切实保障适龄儿童、少年接受教育的基本权利。推行公民同招,逐步扩大就近入学招生范围和招生计划,全面取消各类特长生招生	(1)《上海市进一步推进高中阶段学校考试招生制度改革实施意见》(沪教委规〔2018〕3号) (2)《上海市初中学业水平考试实施办法》(沪教委规〔2019〕2号) (3)《上海市初中学生综合素质评价实施办法》(沪教委规〔2019〕3号) (4)《上海市初中道德与法治、历史学科日常考试指导意见》(沪教委基〔2019〕44号)
		(2) 逐步实现数据共享下的一站式招生信息化服务、完善义务教育入学报名系统	
		(3) 健全初中综合素质评价制度、实施办法以及道德与法治、历史学科日常考核办法;研制本市初中学业水平考试实施办法;开发初中学生综合素质评价管理系统;开展初中学业水平考试命题研究;研制出台初中外语听说测试标准化考场的建设标准,组织开展初中理科标准化实验考场建设标准研制和论证咨询;建成上海市初中学生综合素质评价信息管理系统	

（续表）

观测点	改革目标	改革举措	改革政策
C7　改革基础教育考试招生制度	2. 推进高中阶段考试招生改革	探索将高中阶段招生分为自主招生、名额分配综合评价录取和统一招生录取三种招生办法，为学生提供多次选择机会	
C8　改革高等学校考试招生制度改革	1. 实施统一高考与综合评价多元录取相结合改革	（1）改革统一高考形式和内容，采取"3＋3"选考模式	（1）《上海市深化高等学校考试招生综合改革实施方案》（沪府发〔2014〕57 号） （2）《上海市普通高中学生综合素质评价实施办法》（沪教委规〔2018〕7 号） （3）《上海市普通高中学业水平考试实施办法》（沪教委规〔2018〕6 号） （4）《2017 年上海市普通高校春季考试招生试点方案》（沪教委学〔2016〕56 号） （5）《上海市 2017 年普通高等学校招生志愿填报与投档录取实施办法》（沪教考院〔2017〕17 号） （6）上海市教育委员会关于印发《2018 年上海市普通高校春季考试招生试点方案》的通知（沪教委学〔2017〕66 号） （7）《上海市 2018 年普通高等学校面向中等职业学校应届毕业生考试招生实施办法》（沪教委学〔2017〕68 号） （8）上海市教育委员会关于印发《2018 年上海市普通高等学校秋季统一考试招生工作办法》的通知（沪教委学〔2018〕20 号）
		（2）改革招生和录取方式，高校分学科大类自主提出选考科目要求	
		（3）建立高中学生综合素质评价制度，要求突出学生思想政治素质和道德品质，客观记录学生的成长过程，整体反映学生德智体美全面发展情况和个性特长	
	2. 建立健全高中阶段学业水平考试制度	完善普通高中学业水平考试制度，为每一科目按不同的测试标准设计多种层次类型的试卷，以实现学业水平考试和高考科目考试两者在测试功能上的分工和互补，用多元标准引导学生个性发展	

(续表)

观测点	改革目标	改革举措	改革政策
C8 改革高等学校考试招生制度改革	3.规范高校自主招生	开展高校自主招生试点,在自主命题的有效性、公平性以及面试专家库建设等方面加大投入力度,制定实施稳妥可行的校测方案,从严控制优惠分值,严格依据"宁缺毋滥"原则开展自主招生录取工作	(9)上海市人民政府印发《关于进一步深化本市高考综合改革试点工作的若干意见》的通知(沪府发〔2018〕14 号)
	4.完善上海"春季考试"制度	改革春季考试内容和形式,纳入对考生应用技能有特殊要求的本科专业,允许高中应届毕业生参加春考,一名考生可同时被2所院校录取	
	5.建立多层次、多样化、双向选择的招生录取机制	(1)组织在沪招生高校按照"三年早知道"原则分学科大类(或专业)自主提出 1—3 门选考科目范围要求	
		(2) 合并招生录取批次,改革"专业组"志愿投档模式,并由高校在专业组之间调整计划	

（续表）

观测点	改革目标	改革举措	改革政策
C9　改革职业教育考试招生制度	1. 完善"文化素质＋职业技能"招生录取制度	推进中职学生学业水平评价制度和综合素质评价体系,建立统一的综合素质评价信息管理系统,完成中职学生综合素质评价工作;2018 年首次对应届中职校考生采用文化素质测试与职业技能测试成绩相结合的办法进行录取	(1)《上海市深化高等学校考试招生综合改革实施方案》(沪府发〔2014〕57 号) (2)《上海现代职业教育体系建设规划(2015—2030 年)》(沪教委职〔2015〕30 号) (3)《上海市中等职业学校学业水平评价实施办法》(沪教委职〔2015〕34 号) (4)《上海市中等职业学校学生综合素质评价实施办法》(沪教委职〔2015〕35 号) (5)《上海市中等职业学校学生学籍管理实施办法》(沪教委职〔2016〕35 号) (6)《上海市 2018 年普通高等学校面向中等职业学校应届毕业生考试招生实施办法》(沪教委学〔2017〕68 号)
	2. 深化应用本科专业招收"三校生"考试模式改革	开展中高职贯通专业点和中本贯通专业点招生工作	
	3. 提升高职高专基于职业能力考试招生的吸引力	将高职特色专业招生计划安排在专科层次依法自主招生中	

附录 2 教师发展方面的政策与举措

观测点	改革目标	改革举措	改革政策
C10 创新学校人事管理制度	1. 制定教师配置标准	(1) 推进市属高校教师分类考核评价、高校教师队伍配置标准、地方高水平大学长聘教职制度改革	(1)《上海高等教育布局结构与发展规划(2015—2030年)》(沪教委发〔2015〕186号) (2)《上海市教育委员会关于试行市属高校教师分类考核评价制度的指导意见》(沪教委人〔2016〕54号) (3)《关于推进一流大学一流学科建设共建驻沪教育部直属高校并支持上海地方高校改革发展的协议》(沪府发〔2018〕7号) (4)《上海高等教育促进条例》(上海市人民代表大会常务委员会公告第61号) (5)《上海市人民政府关于促进民办教育健康发展的实施意见》(沪府发〔2017〕94号) (6)《上海市民办学校分类许可登记管理办法》(沪府发〔2017〕95号) (7)《上海市人民政府办公厅关于建立上海市民办教育工作联席会议制度的通知》(沪府办〔2018〕1号)
		(2) 根据高校办学类型、学科设置等,建立动态调节机制,适时调整教师专业技术岗位结构比例	
	2. 改革高校教师岗位聘用机制	(1) 推动高校对处于不同职业发展阶段、不同发展平台的教师进行分类考核,进一步提升教师考核评价的科学化水平	
		(2) 高校深入推进长聘机制,探索实行"非升即走"或"非升即转"用人机制	
		(3) 启动新一轮市属高校专业技术二级岗位评审聘任工作。实施上海领军人才等人才计划的申报评审及推荐工作	
	3. 试点建立合同制科研队伍	(1) 落实科创中心人才政策,推进高校在编制限额内自主引进人才、职称不作为人才计划申报的限制性条件等工作	

（续表）

观测点	改革目标	改革举措	改革政策
C10　创新学校人事管理制度	3. 试点建立合同制科研队伍	（2）支持高校通过合同制,建立与国际接轨的专职科研队伍。允许高校保留 3% 的编制专门用于支持教师校企流动,鼓励高校科研人员到企业兼职或自己创业	
C11　推进教师收入分配制度改革	1. 建立适应上海教育行业特点的薪酬制度	（1）试点推行高校骨干教师教学激励计划。激励计划专项经费主要用于教师工作量补贴、超工作量补贴、指导青年教师、教学研讨、教材（课件）编写、课程建设劳务等	（1）《上海市教育委员会关于完善市属公办高校专业技术人员校外兼职和在岗离岗创业工作的指导意见》(沪教委人〔2016〕64 号)（2）《上海市教育委员会关于深入推进本科教学教师激励计划的指导意见》(沪教委高〔2017〕64 号)（3）《关于建设上海高水平地方高校创新团队收入分配机制试行意见的通知》(沪教委人〔2017〕56 号)
		（2）开展新一轮激励计划试点工作,结合对上年试点学校专项督查的情况,共确定 14 所高校入选试点范围。增加财政经费中的人员费比重,形成教师收入稳定增长机制	
	2. 提供更有吸引力的高层次人才服务保障	（1）指导各市属高校建立教学考核评价与激励办法,鼓励高校将激励计划资金分配与教师绩效考核结果挂钩,优绩优酬	
		（2）在上海大学、上海中医药大学遴选 46 个创新团队,建立创新团队收入分配机制	

（续表）

观测点	改革目标	改革举措	改革政策
C11 推进教师收入分配制度改革	3.规范高校教师兼职兼薪管理	（1）推进市属高校专业技术人员兼职与离岗创业工作	
		（2）鼓励符合条件的高校专业技术人员到校外兼职和离岗创业,进一步激发创新创业活力。完善教师分类考核评价制度	
	4.改革民办学校教师收入分配和保障制度	（1）扩大试点民办高校在人事薪酬、岗位结构等方面的自主权	
		（2）建立"年金制",提高民办高校教师收入	
C12 完善教师专业发展制度	1.强化教学激励机制	（1）开展教师微课比赛。要求教授给本科生开设核心课程和基础课程	（1）《推进上海现代大学制度建设指导意见》(2014 年) （2）《上海高校辅导员队伍建设五年规划(2016—2020 年)》(2016 年) （3）《上海市教育委员会关于试行市属高校教师分类考核评价制度的指导意见》(沪教委人〔2016〕54 号) （4）《上海高等教育促进条例》(上海市人民代表大会常务委员会公报 2017 年第八号) （5）《上海市统筹推进一流大学和一流学科建设实施意见》(沪府发〔2018〕7 号) （6）《中共上海市委上海市人民政府关于全面深化新时代教师队伍建设改革的实施意见》(2018 年)
		（2）启动新一轮(2016—2018 年)上海高校思想政治理论课名师工作室建设	
		（3）实施国外访学进修计划、国内访问学者计划、产学研践习计划、实验技术员队伍建设等教师专业发展工程项目	
		（4）开展教师全员分层分类培训,建立研训一体化发展机制	

（续表）

观测点	改革目标	改革举措	改革政策
C12 完善教师专业发展制度	2. 提升高校新进教师能力水平	（1）开展新教师岗前培训工作,并首次覆盖到高职高专院校新教师	
		（2）实施新进教师担任助教工作制度	
		（3）举办首届上海市属本科高校新任辅导员岗前培训班	
	3. 为优秀青年教师提供事业舞台	（1）继续推进教师专业发展工程各培养计划的有序实施,开展督查工作,确保各校对中青年教师的培养得到有效落实	
		（2）启动实施师资博士后制度,健全高校教师资源储备和前期职业能力考查机制	
		（3）实施上海高校国际水平师资培养计划,完成高校青年教师培养资助计划实施工作。启动高校国际水平师资培养计划申报工作	

附录 3 治理能力方面的政策与举措

观测点	改革目标	改革举措	改革政策
C13 建立基于战略规划的市级统筹机制	1. 制定高等教育和职业教育发展规划	(1) 根据上海市经济社会发展、人口变化、行业发展、人才需求预测及新一轮城市总体发展规划,加强对各级各类教育的系统规划和结构优化布局	(1)《上海高等学校学科发展与优化布局规划(2014—2020 年)》(沪教委高〔2014〕44 号) (2)《上海市民办教育发展"十三五"规划》(沪教委民〔2017〕1 号) (3)《上海市民办非学历教育机构管理办法》(沪教委民〔2015〕19 号)
		(2) 推进教育"管办评"分离改革。形成"1＋2＋5＋5"的推进布局	(4)《上海市民办非学历教育机构设置标准》(沪教委民〔2015〕20 号) (5)《上海市深化民办教育综合改革指导意见》(沪教委民〔2015〕28 号)
		(3) 筹备召开上海教育大会,出台《上海教育现代化 2035》和上海市加快推进教育现代化行动计划	(6)《上海现代职业教育体系建设规划(2015—2030 年)》(沪教委职〔2015〕30 号) (7)《上海高等教育布局结构与发展规划(2015—2030 年)》(沪教委发〔2015〕186 号)
		(4) 推进行政审批制度工作。建立包括市教委行政审批事项在内的行政权力和行政责任目录管理制度以及行政权力事项动态清理机制。完成行政审批办事指南的修订和发布工作	(8)《上海市职业教育改革和发展"十三五"规划》(沪教委职〔2016〕51 号)、《上海市高等职业教育创新发展行动计划(2015—2018 年)实施方案》(沪教委高〔2016〕59 号) (9)《上海市教育改革和发展"十三五"规划》(沪府发〔2016〕61 号) (10)《上海市高等教育促进条例》(上海市人民代表大会常务委员会公告 2017 第 61 号)
	2. 制定保障规划实施的地方性法规和配套政策	通过地方立法保障规划实施权威。出台国内第一部地方性高等教育法规《上海市高等教育促进条例》	(11)《上海市人民政府关于促进民办教育健康发展的实施意见》及其《任务分工方案》(沪府发〔2017〕94 号)

（续表）

观测点	改革目标	改革举措	改革政策
C13　建立基于战略规划的市级统筹机制	3.健全部门协同和清单管理机制	（1）探索高校负面清单管理模式，编制权力清单，形成负面清单	（12）《上海市民办学校分类许可登记管理办法》（沪府发〔2017〕95号）
			（13）《上海市民办教育工作联席会议制度》（沪府办〔2018〕1号）
		（2）规范民办教育培训市场秩序，出台规范校外培训机构"一标准两办法"	（14）《上海市教育综合改革领导小组办公室关于深化教育体制机制改革推进教育综合改革的实施意见》（沪教综〔2018〕3号）
			（15）《上海市统筹推进一流大学和一流学科建设实施意见》（沪府发〔2018〕7号）
C14　建立高校分类管理与评价体系	1.构建高校二维分类标准体系	（1）确立高校"二维"分类坐标，建立并完善高校分类发展和分类管理体系	（1）《上海高等学校学科发展与优化布局规划（2014—2020年）》（沪教委高〔2014〕44号）
			（2）《上海高等教育布局结构与发展规划（2015—2030年）》（沪教委发〔2015〕186号）
		（2）引导高校自主明确发展定位。鼓励高校找准服务面向的领域和行业，重点引导并鼓励一批市属本科高校向应用型高校转变	（3）《上海高校高峰高原学科建设管理办法》（沪教委科〔2016〕2号）
			（4）《上海市教育委员会关于开展IV类高峰学科建设的实施意见》（沪教科委〔2016〕67号）
		（3）推进分类管理经验在其他教育领域的推广。出台非营利性和营利性民办教育分类管理"1＋2"政策文件，同时启动三大试点	（5）《上海市民办学校分类许可登记管理办法》（沪府发〔2017〕95号）
			（6）《关于深入推进上海高校分类管理评价促进高等教育内涵式发展的指导意见》（沪教委督〔2018〕21号）
			（7）《上海高校分类评价指标（试行）》（2018年）
	2.建立与高校分类相配套的资源配置机制	（1）研制与分类评价结果挂钩的具体操作方案，推进高校分类评价结果运用	（8）《关于推进高校分类发展实施高水平地方应用型高校试点建设方案》（2018年）

（续表）

观测点	改革目标	改革举措	改革政策
C14 建立高校分类管理与评价体系	2. 建立与高校分类相配套的资源配置机制	(2) 大幅提高学校统筹与自主安排的经常性经费总量	
		(3) 大幅提高人才培养和引进的投入比例	
		(4) 允许地方公办高校在绩效工资总量内，自主确定绩效工资分配方案	
C15 落实和扩大学校办学自主权	1. 把属于学校的权力切实放下去、放到位	(1) 推进《上海市深化高校改革建设高水平地方高校试点方案》等文件确定的放权政策落地落实	(1)《上海市中等职业学校专业设置管理实施细则》（沪教委职〔2016〕40号） (2)《上海市普通高等学校本科专业设置管理实施细则》（沪教委规〔2017〕1号） (3)《上海市民办学校分类许可登记管理办法》（沪府发〔2017〕95号） (4)《上海市教育委员会关于开展本市依法治校（2016—2020年）创建工作的通知》（沪教委法〔2017〕14号） (5)《上海市深化高校改革建设高水平地方高校试点方案》（2018年） (6)《上海市教育委员会关于进一步做好本市依法治校（2016—2020年）创建工作的通知》（沪教委法〔2019〕4号）
		(2) 以放权为核心扩大高校基本办学经费自主权	
		(3) 以政策为保障扩大高校办学自主权。进一步落实和扩大高校专业设置自主权等办学自主权	
	2. 落实高校办学自主权，推动高校建立和完善法人治理结构	启动本市各级各类学校依法治校创建工作，协调指导各高校和各区教育局组织开展依法治校（2016—2020年）创建及申报工作	
	3. 探索实施政府对高校的负面清单管理	通过地方立法保障综合改革成果，增加制度供给	

（续表）

观测点	改革目标	改革举措	改革政策
C15　落实和扩大学校办学自主权	4.保障中小学校办学自主权	（1）探索制定上海市中小学校工作条例,明确中小学校的权利和义务,保障学校在课程教学、教师评聘、学生管理等方面的自主权	
		（2）全面推行学校法律顾问制度,实现中小学校"一校一章程"	
		（3）开展依法治校创建工作,2019 年公布第一批依法治校示范校和依法治校标准校名单	
C16　完善现代大学内部治理结构	1.全面推进地方高校章程建设	（1）推动市属高校制定章程	（1）《上海市教委关于实施现代大学制度建设首批试点的通知》（2014 年） （2）《推进上海现代大学制度建设指导意见》（2015 年） （3）《上海市属高校章程核准暂行办法》（2015 年）
		（2）强化依章办学,推动章程从字面落到地面	
	2.探索多元主体参与决策的校务委员会制度	探索建立多元主体参与的高校治理模式,不断完善校务委员会、学术委员会、校董会、教职工代表大会等制度,完善内控机制建设	
	3.推动高校健全学术管理制度	（1）实施学术委员会等学术组织体系建设	
		（2）探索教授治学的有效途径	
	4.落实高校二级院系主体地位	开展大部制等形式的二级学院改革,推动院系真正成为教学科研主体,激发院系办学活力	

(续表)

观测点	改革目标	改革举措	改革政策
C17 优化中小学管理体系	鼓励社会参与学校管理	加强与其他社会领域改革相互配合形成合力,激发各方主体参与教育改革热情,健全"中小学家长委员会"等,鼓励社会参与学校管理	(1)《上海市教育法治建设"十三五"规划》(沪教委法〔2016〕40号) (2)《上海市民办中小学特色学校(项目)、民办优质幼儿园第二轮创建实施方案》(沪教委民〔2015〕7号) (3)《上海市民办中小学特色学校(项目)、民办优质幼儿园第三轮创建实施方案》(沪教委民〔2018〕13号) (4)《上海市教育改革和发展"十三五"规划》(沪府发〔2016〕61号)
C18 建立多元参与教育督导评价机制	1. 强化教育督导和执法职能	(1) 健全教育督导体制机制,加强教育督导组织保障和政策配套	(1)《上海市教育督导条例》(上海市人民代表大会常务委员会公告第21号,2015年) (2)《上海市学前教育三年行动计划(2015—2017年)督导评估指标》(沪教委督〔2016〕9号) (3)《对市政府相关职能部门和下级人民政府履行教育职责督导评估的实施办法》(沪府办发〔2017〕77号) (4)《上海市民办培训机构设置标准》(沪府办发〔2017〕82号) (5)《上海市营利性民办培训机构管理办法》(沪府办发〔2017〕82号) (6)《上海市非营利性民办培训机构管理办法》(沪府办发〔2017〕82号) (7)《上海市督学聘任实施办法(试行)》(沪教督〔2018〕2号) (8)《上海市教育督导结果发布与使用暂行办法》(沪府教督办〔2018〕4号)
		(2) 开展督政、督学和评估监测	
	2. 健全基于绩效评估的高校资源配置机制	(1) 研究设计高校分类发展、分类评价指标体系	
		(2) 开展整体办学水平评价、教育教学水平评价,开展实施内涵建设水平和财政教育经费使用情况评价	
		(3) 评价结果作为安排市级统筹的财政高等教育经费、调整高校经常性经费额度、决定全市性重大教育改革发展项目投入方向的依据	

（续表）

观测点	改革目标	改革举措	改革政策
C18　建立多元参与教育督导评价机制	3. 购买专业机构的教育服务	（1）建立多元主体参与的评价机制。建立行业企业代表、社会公众、家长等参与的评价机制	（9）《上海市督学资格认定和管理办法》（沪教委督〔2017〕2号）
		（2）培育和推动独立的第三方专业教育机构参与教育评估和监督。专业教育评估机构数量增长	

附录4 资源保障方面的政策与举措

观测点	改革目标	改革举措	改革政策
C19 改革教育经费投入机制	1.建立生均培养成本核算机制	(1) 建立生均培养成本核算机制,制定教育培养成本分摊办法,落实教育经费法定增长要求	(1)《上海高等学校学科发展与优化布局规划(2014—2020年)》(沪教委高〔2014〕44号) (2)《上海高等教育布局结构与发展规划(2015—2030年)》(沪教委发〔2015〕186号) (3)《上海现代职业教育体系建设规划(2015—2030年)》(沪教委职〔2015〕30号) (4)《关于进一步完善高等教育投入机制的若干意见》(沪教委财〔2014〕121号) (5)《〈上海高等学校学科发展与优化布局规划(2014—2020年)〉实施方案》(沪教委科〔2014〕70号) (6)《上海高校高峰高原学科建设管理办法》(沪教委科〔2016〕2号) (7)《上海市深化高校改革建设高水平地方高校试点方案》(2016年)
		(2) 推行全市统一教育生均基本定额标准。从2017年起,推行全市基本统一的义务教育生均基本定额标准,小学为不低于每生每年23500元,初中为不低于每生每年29000元	
	2.形成以经常性经费投入为主的高校投入机制	(1) 推行市级财政高等教育投入机制改革:一是建立以基本办学经费和内涵建设经费为主的经常性经费投入机制;二是建立以教育改革发展重大项目为导向的市级统筹投入机制;三是建立以提高教育项目支出效益为目标的综合监督评估机制	
		(2) 逐年提高经常性经费占比并逐渐达到70%以上。对地方高校经常性经费与专项经费投入比例,已从2012年30:70调整为2015年72:28,提前实现政策目标	

（续表）

观测点	改革目标	改革举措	改革政策
C19 改革教育经费投入机制	2. 形成以经常性经费投入为主的高校投入机制	（3）完善高校经常性投入机制,健全生均综合定额标准体系,完善内涵建设经费分配,逐步扩大高校基本办学经费自主权,充分发挥高校办学活力	
	3. 建立以教育改革发展重大项目为导向的市级统筹投入机制	确立以"高峰""高原"学科建设计划支撑一流大学建设的基本思路,分类启动"高峰""高原"学科建设计划	
C20 完善教育经费使用机制	1. 实施高校综合预算管理	（1）制定地方高校综合预算管理试点实施办法	（1）《2015 年地方高校内涵建设经常性经费使用指导意见》(沪教委高〔2015〕3 号)
		（2）试点实施高校综合预算管理。逐步深化高等教育经费预算管理改革工作:一是进一步落实厉行节约要求;二是进一步加强部门预算编制;三是进一步强化部门预算执行。增强预算执行的时效性和均衡性,提高财政资金使用效益	（2）《关于推进所属预算单位预算绩效管理的实施意见》(沪教委财〔2015〕22 号) （3）《关于进一步加强上海高校科研经费管理的指导意见》(沪教委科〔2017〕100 号) （4）《市财政局、市科委关于印发上海市科研计划专项经费管理办法的通知》(沪财教〔2015〕95 号)
	2. 改革科研经费和知识产权管理办法	（1）完善间接费用核定和管理机制	
		（2）规范直接费用编制和支出管理	
		（3）制定上海高校科研经费管理办法	

（续表）

观测点	改革目标	改革举措	改革政策
C21 健全教育经费监管机制	1. 实施地方高校总会计师委派制度	（1）设置高校总会计师岗位。在本市地方公办高校设立总会计师岗位，协助校（院）长管理学校财经工作，加强国有资产管理，加强对高校经费使用的全过程和多方位监管	（1）《上海市地方公办高校总会计师管理办法》（2014 年） （2）《进一步健全财政教育经费管理监督机制的若干意见》（沪教委财〔2015〕24 号） （3）《上海市教育系统内部审计工作规定实施办法》（沪教委审〔2015〕1 号） （4）《上海市高等教育促进条例》（2017 年 12 月 28 日上海市第十四届人民代表大会常务委员会第四十二次会议通过）
		（2）实施地方高校总会计师委派制度。在上海大学等 8 所地方高校试行总会计师委派制，力争在"十三五"实现全覆盖	
	2. 健全拨款咨询和经费监管机制	（1）建立教育拨款咨询机制。完善高等教育专项资金评审咨询机制：一是实行市级高等教育专项资金预算评审制度；二是实行高等教育专项资金项目支出评估咨询机制。组建成立高等教育投入评估咨询委员会，不断提升财政对高等教育投入的针对性、科学性和有效性	

（续表）

观测点	改革目标	改革举措	改革政策
C21　健全教育经费监管机制	2. 健全拨款咨询和经费监管机制	（2）建立教育经费监管机构,完善财务管理状况与绩效评价相结合的动态监管办法。加强教育发展重点项目经费监督管理和绩效评价。开展重大教育专项预算评审,强化预算管理,细化预算安排。完善教育经费常态化、制度化监管机制,重新梳理经费监管职能。制定重大教育项目支出绩效评价机制,进一步完善各类学校财务管理状况评价指标体系。健全教育经费综合监督评估机制	
		（3）加强审计工作机构建设。进一步推进本市教育系统内部审计监督体制的建立与完善,促进审计机关与教育内部审计之间的合作。组建上海市教育审计中心,加强对"两委"直属单位财务收支、基本建设等教育经济活动的审计监督	
		（4）全面推行财务信息公开。加大信息公开力度,进一步形成由内及外的信息公开机制	

附录 5 开放联动方面的政策与举措

观测点	改革目标	改革举措	改革政策
C22 合力构建"校内外育人共同体"	1.加强校外教育统筹协调和顶层设计	(1) 探索科普场馆与学校间可复制推广的馆校合作模式。形成了"红色一课""院士一课""博物馆一课"等校内外教育衔接的馆校合作课程,开展"科普校园行"科学家巡讲活动,与科技馆、自然博物馆共同推进"利用场馆资源提升科技教师和学生能力"项目	(1)《上海市校外教育工作发展规划(2009—2020 年)(试行)》(沪教委德〔2009〕34 号) (2)《上海市文教结合工作三年行动计划(2016—2018 年)》(沪教委综〔2015〕5 号) (3)《关于加强上海市普通高中学生志愿服务(公益劳动)管理工作的实施意见》(沪教委德〔2016〕2 号) (4)《关于进一步加强家庭教育工作的实施意见》(沪教委德〔2017〕7 号) (5)《关于开展上海市家庭教育示范校评估工作的通知》(沪教委德〔2017〕15 号)
		(2) 构建组织管理、指导服务、队伍培养、评价引领、研究突破"五位一体"的家庭教育指导服务新体系	(6)《上海市校外教育三年行动计划(2017—2019 年)》(沪教委德〔2017〕39 号) (7)《上海市普通高中生志愿服务(公益劳动)社会实践基地评估指标》 (8)《上海市高中生志愿服务(公益劳动)社会实践基地评价管理办法》
		(3) 研制《上海市家庭教育示范校评估指标》和《区家庭教育研究和指导中心建设标准》《社区家庭教育示范指导站点标准》	(9)《上海市文教结合三年行动计划(2019—2021 年)》(沪教委文教〔2019〕1 号) (10)《上海市初中学生社会实践管理工作实施办法》的通知(沪教委规〔2019〕8 号) (11)《上海市关于深化家庭文明建设的实施意见》

（续表）

观测点	改革目标	改革举措	改革政策
C22　合力构建"校内外育人共同体"	2. 提升校外教育机构育人的科学化水平	(1) 建设一批学生社区实践指导站、中华优秀传统文化传习示范基地和市级示范性校外教育活动场所,2017 年共推出学生社会实践基地(项目)1838 个,提供岗位逾 55 万个	(12)《上海市学校德育"十三五"规划》的通知(沪教委德〔2016〕36 号)
		(2) 培养一支素质较高、专兼结合的校外教育师资队伍,推动场馆"教育部门"及"教育专员"制度建设	
	3. 建设学生社会实践电子学生证信息平台	建设"博雅网""上海市学生社会实践信息记录电子平台"(2015 年 4 月上线)等校外教育信息化平台,主要负责记录本市高中生志愿者服务(公益劳动)的相关数据,并对接学生综合素质评价系统	
C23　营造跨部门联动和校企深度融合的制度环境	1. 构建职业教育对接职业岗位的需求机制,加强双证融通	(1) 有效推进对接行业标准的人才培养,推进专业教学与职业培训的融通。继续开展临床医学硕士专业学位教育与住院医师规范化培训结合工作,启动上海市临床医学博士专业学位教育与专科医师规范化培训结合项目。继续开展教育硕士专业学位与中小学见习教师规范化培训项目,继续推进艺术院校与艺术团体紧密结合的艺术硕士培养模式改革项目	(1)《上海市人民政府关于加快发展现代职业教育的决定》(沪府发〔2015〕9 号) (2)《上海市高等职业教育创新发展行动计划(2015—2018 年)实施方案》(沪教委高〔2016〕59 号) (3)《上海市人民政府关于促进民办教育健康发展的实施意见》(沪府发〔2017〕94 号) (4)《上海市民办学校分类许可登记管理办法》(沪府发〔2017〕95 号) (5)《上海市职业教育条例》(2019 年)

（续表）

观测点	改革目标	改革举措	改革政策
C23　营造跨部门联动和校企深度融合的制度环境	1. 构建职业教育对接职业岗位的需求机制，加强双证融通	（2）组织编撰并出版《上海市中等职业学校"双证融通"专业改革试点工作指南》和《上海市中等职业学校"双证融通"专业改革试点典型案例集》，组织首批三年制试点学校开展对毕业生质量的跟踪调查	（6）《上海市专业学位研究生实践基地建设实施办法》（7）《上海职业教育高质量发展行动计划（2019—2022年）》（沪府办〔2019〕128号）（8）《上海深化产教融合推进一流专科高等职业教育建设试点方案》的通知（沪教委高〔2019〕11号）
	2. 建立技术技能人才需求发布制度	启动上海技术技能人才需求定期发布	
	3. 鼓励企业参与办学	（1）改变传统校企合作模式，明确了企业主体责任，丰富校企合作内容，在建立校企专业教学委员会、学校职业指导教学团队、帮助企业设备改造和产品开发、教师学生企业体验实践、校企管理、专业人员岗位互聘等方面有所突破	
		（2）鼓励多元主体组建职业教育集团。制定学校、行业、企业、科研机构、社会组织等共同组建职业教育集团的支持改革。成立4家"长三角地区联合职业教育集团"	

（续表）

观测点	改革目标	改革举措	改革政策
C23　营造跨部门联动和校企深度融合的制度环境	4.建立跨部门协同机制	（1）积极推进由政府部门、行业企业、职业院校各方参与的各区职业教育集团建设,制定了各区的《职教集团建设方案》	
		（2）启动跨部门共建共享职业教育开放实训中心工作	
C24　形成以需求为导向的产学研协同创新模式	1.建设产学研结合的新型科研组织	（1）推动协同创新中心建设,加强高校知识服务能力。目前有 4 个国家"2011 协同创新中心",33 个"上海市协同创新中心"	（1）《上海市"2011 协同创新中心"发展行动计划（2013—2017 年）》（沪教委科〔2014〕16 号） （2）《上海推进科创中心建设 22 条意见》（2015 年） （3）《关于深化人才工作体制机制改革促进人才创新创业的实施意见》（沪委办发〔2015〕32 号）
		（2）推动上海高校参与张江综合性国家科学中心建设,提升中国基础研究水平。构建支撑大众创业、万众创新的服务网络	
	2.推进高校智库建设	（1）推动高校智库的核心能力系列建设,确立 81 项战略研究项目、13 项核心数据库、55 项系列品牌产品	
		（2）创办《决策建言——上海高校智库专报》。复旦大学中国研究院入选首批国家高端智库试点单位	

(续表)

观测点	改革目标	改革举措	改革政策
C25 推进长三角一体化教育协同发展	1.建立深度合作、充满活力、开放联动的区域教育合作发展机制	制定《长三角教育一体化发展近期工作要点(2019—2020年)》,提出"组建长三角高校协同创新及其他特色联盟""构建联合教研、校外实践、研学旅行等资源共享机制""打造职业院校名师、名校长工作室的共享平台,促进课程体系、实践实习、创新创业等方面的开放协作""探索建立各级各类学校骨干教师、优秀中青年干部等交流挂职机制"	(1)《长三角地区一体化发展三年行动计划(2018—2020年)》(2018年) (2)《长三角地区教育更高质量一体化发展战略协作框架协议》(2018年) (3)《长三角教育一体化发展近期工作要点(2019—2020年)》(2019年) (4)《长三角地区社区教育、老年教育协同发展三年行动计划》(2019年)
	2.促进优质教育资源共享	(1)成立长三角电子信息职业教育集团,截至2018年已有包括32所高职院校、55所中职学校、83家企业及行业协会在内的170家单位加盟,围绕产教融合、校企合作等,推进资源共建共享	
		(2)基础教育集团也逐步拓展到上海周边三省。华东师范大学基础教育集团先后与盐城、淮安、湖州开展战略合作;上海师范大学附属学校品牌也在嘉善、吴江、合肥多地开展一贯制学校合作办学	

（续表）

观测点	改革目标	改革举措	改革政策
C25　推进长三角一体化教育协同发展	3. 在师资与管理干部建设、学科专业发展、高校学分互认、实验实训基地共建等方面全面深化合作	（1）开展联合研究。成立长三角跨区域联合实验室，形成需求导向的联合共管机制；成立长三角高校技术转移联盟，积极为长三角地区乃至全国其他地区的企业提供技术开发和技术服务	
		（2）联合师资培训。建设基础教育校长、教师培训联动平台，构建"影子校长、影子教师"的后备人才联合培养机制。成立"长三角教育人才服务联盟"，探索建立"长三角访问学者"以及各级各类学校骨干教师交流挂职机制等	
C26　增强教育的国际影响力和竞争力	1. 规范和加强涉外办学	（1）推进高水平中外合作办学。截至 2019 年，中外办学机构有 27 家，中外办学项目有 150 个	（1）《上海市教育委员会关于进一步加强本市外籍人员子女学校管理工作的通知》（沪教委外〔2014〕3号） （2）《上海教育对外开放"十三五"发展规划》（沪教委外〔2016〕112号）
		（2）积极参与国际教育质量测评和标准制定。参与 OECD 组织的国际学生能力测试（PISA）和教师教学国际调查（TALIS）	（3）《上海市教育委员会资助上海市高校学生赴国际组织实习项目管理办法（试行）》（沪教委外〔2017〕144 号） （4）《关于推进落实进一步支持上海科创中心建设出入境措施的实施办法》
		（3）规范管理外籍学校办学行为	（5）《上海外籍人员子女学校管理办法》

（续表）

观测点	改革目标	改革举措	改革政策
C26 增强教育的国际影响力和竞争力	2.大力推进双向留学	（1）不断优化来沪留学生的类型结构。学历留学生占比由 2014 年的 28% 上升到 2017 年的 35%	
		（2）开展全市留学生全英语课程建设。目前，全市共立项在建课程 400 余门，涉及 12 个学科门类 60 个专业类，累计有 284 门课程获得"外国留学生英语授课示范性课程"证书	
		（3）完善留学生社会服务体系建设，创建上海国际学生服务中心	
		（4）开通"留学上海"多语种在线服务平台，全面实现上海市政府外国留学生奖学金网上申请与录取	
	3.构建完善国际教育服务体系	（1）吸引多家国际组织落户上海。联合国教科文组织教师教育中心是落户上海的首家联合国二类机构，还有瑞士洛桑的国际乒联博物馆、联合国教科文组织国际戏剧协会落户上海	
		（2）建立上海国际教育考试服务中心、上海国际教育认证服务中心，加强国际教育认证、服务和研究	

（续表）

观测点	改革目标	改革举措	改革政策
C27　构建支撑教学管理深度变革的信息化环境	1.增强信息化支撑一线教学变革的能力	（1）推进上海大规模智慧学习平台（微校）建设,完善教育信息化标准规范体系。目前,上海教育信息化已初步建成以促进信息技术与教育教学、管理决策和公共服务深度融合为核心的"一网三中心两平台"（上海教育城域网,上海教育数据中心、上海教育资源中心、上海教育认证中心,上海大规模智慧学习平台、上海教育综合管理决策平台）基础环境	（1）《上海市教育委员会信息化项目管理办法（试行）》（沪教委科〔2015〕25号） （2）《上海市教育信息化"十三五"规划》（沪教委科〔2016〕87号） （3）《上海市教育信息化 2.0 行动计划（2018—2022）》（沪教委信息〔2018〕28号） （4）《上海市教育委员会关于组织开展上海市教育信息化应用标杆学校创建工作的通知》（沪教委信息〔2018〕34号）
		（2）完善"上海市高中名校慕课"平台,推进网络精品课程建设。2017年,上海市有 71 门课程列入"国家级精品视频公开课"建设范围,165 门课程列入国家精品资源共享课建设范围,其中 148 门课程获"国家级精品资源共享"称号。实施"一师一优课、一课一名师"活动,实现 30％以上的中小学教师在平台上"晒课"。2018年全市共有 1371 所学校参与"晒课"活动,发动 40099 名教师晒了 44529 堂课	

（续表）

观测点	改革目标	改革举措	改革政策
C27 构建支撑教学管理深度变革的信息化环境	1. 增强信息化支撑一线教学变革的能力	(3) 推动信息化应用标杆学校创建工作。2019年,市教委公布了第一批21所、第二批33所上海市教育信息化应用标杆培育校名单	
	2. 推动优质教育资源共建共享和辐射服务	(1) 加快推进优质教育资源共建共享。积极建设"上海学习网",向各类学习者提供课程学习、在线阅读、互动交流、特色频道等功能,深受欢迎,助力"人人皆学,时时能学,处处能学"目标的实现	
		(2) 实施"易班"内涵建设专项计划。2017年,"易班"已吸引全国21个省市区476所高校参与共建,覆盖学生超过百万,逐渐形成线上线下相结合,全员、全过程、全方位的网络育人格局	
	3. 建立基于大数据的决策咨询机制	深度挖掘数据库服务决策咨询。2015年12月,教育部与上海市人民政府协议共建,由华东师范大学与上海市教育科学研究院联合建立教育经济宏观政策研究院。通过对存量数据库资源的挖掘盘活,服务教育决策咨询需求	

图书在版编目（CIP）数据

迈向教育现代化之路：上海市教育综合改革进展报告：2014—2019 / 高耀丽, 应望江主编. — 上海：上海教育出版社，2021.4
ISBN 978-7-5720-0703-3

Ⅰ.①迈… Ⅱ.①高… ②应… Ⅲ.①地方教育 – 教育改革 – 研究报告 – 上海 – 2014–2019
Ⅳ.①G527.51

中国版本图书馆CIP数据核字(2021)第062227号

责任编辑　茶文琼　公雯雯
封面设计　陈　芸

迈向教育现代化之路——上海市教育综合改革进展报告（2014—2019）
高耀丽　应望江　主编

出版发行　上海教育出版社有限公司
官　　网　www.seph.com.cn
地　　址　上海市永福路123号
邮　　编　200031
印　　刷　上海龙腾印务有限公司
开　　本　700×1000　1/16　印张 12.25
字　　数　200 千字
版　　次　2021年4月第1版
印　　次　2021年4月第1次印刷
书　　号　ISBN 978-7-5720-0703-3/G·0536
定　　价　58.00 元

如发现质量问题，读者可向本社调换　电话：021-64377165